# 汽车电工入门

周晓飞 主编

## 全程图解

化学工业出版社
·北京·

图书在版编目（CIP）数据

汽车电工入门全程图解/周晓飞主编. —北京：化学工业出版社，2014.9 （2021.4重印）
ISBN 978-7-122-21170-5

Ⅰ.①汽… Ⅱ.①周… Ⅲ.①汽车-电工-图解 Ⅳ.①U463.6-64

中国版本图书馆CIP数据核字（2014）第145450号

---

责任编辑：黄 滢 陈景薇　　　　　装帧设计：王晓宇
责任校对：边 涛

---

出版发行：化学工业出版社
　　　　　（北京市东城区青年湖南街13号　邮政编码100011）
印　　装：三河市延风印装有限公司
850mm×1168mm　1/32　印张9　字数252千字
2021年4月北京第1版第14次印刷

购书咨询：010-64518888
售后服务：010-64518899
网　　址：http://www.cip.com.cn
凡购买本书，如有缺损质量问题，本社销售中心负责调换。

定　　价：29.00元　　　　　　　　　　　　　版权所有　违者必究

## 《汽车电工入门全程图解》编写人员

主　　编　周晓飞

编写人员　周晓飞　万建才　宋东兴

　　　　　赵　朋　赵小斌　李新亮

　　　　　边先锋　刘振友　彭　飞

　　　　　李飞霞　王立飞　温　云

　　　　　梁志全　董小龙　李飞云

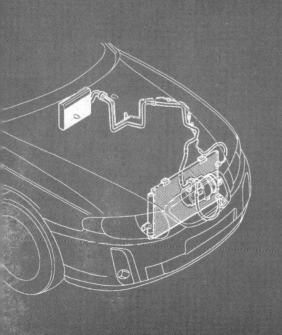

# 前 言
FOREWORD

　　曾经发生过这样一个真实的故事：汽配城一个小修理店有一个学徒工。一天，他的舅舅，也就是店老板给他买了3本汽修的书，其中2本是我主编的，学徒工不认识我，但店老板熟悉。慢慢地，我了解到，这个学徒工很勤恳，也很好学。再后来，我发现这个踏实的学徒工不见了。老板告诉我："他看了你编的书，有些内容看不懂，为此，家里给找了个汽修学校去上学去了。没有基础，看书学习都费劲，学不扎实"。

　　听完店老板的话，我的心情很沉重。当时我就想，应该专门给初入门学习的汽修者提供更合适的学习书籍，从零开始，从最基础的操作开始，这样才有利于他们的成长。

　　作为一名比较老练的汽修工，我有责任将自己的经验和技能传授给初学者，所以，第一次试着专门针对从零开始学习的维修工，编写了这本《汽车电工入门全程图解》，希望他们能从中受益。

　　因为编者能力有限，书中或许还有不妥的地方，恳请广大读者批评指正！

周晓飞

# 目录 CONTENTS

## 第一章 走进车间 CHAPTER 1

**第一节　了解基本电工设备　/002**

一、万用表的使用　/002
二、启动跨接线的使用　/005
三、试灯的使用　/007
四、发光二极管测试灯的使用　/009
五、电烙铁的使用　/009
六、示波器的使用　/014
七、高阻抗数字电压表的使用　/016

**第二节　认识电气系统部件　/017**

一、充电及启动系统　/017
二、暖风和通风系统　/022
三、空调系统　/026
四、车窗系统　/031
五、刮水器和洗涤器　/036

六、外后视镜　/041
七、电动座椅　/042
八、照明系统　/043
九、天窗　/045
十、锁止和防盗系统　/047
十一、汽车电子控制系统　/049

**第三节　电工维修中的禁忌和注意事项　/053**

一、蓄电池注意事项　/053
二、跨接启动时的注意事项　/055
三、充电系统检修注意事项　/055
四、安全气囊注意事项　/056
五、空调系统维修注意事项　/057

## 第二章 初步入门知识 CHAPTER 2

**第一节　电工维修中的术语和概念　/060**

一、电压　/060
二、电流　/062
三、电阻　/063
四、电容器　/066

五、线圈和电感 /069
六、二极管 /072

**第二节 电路基础和电路图
　　　　识读** **/075**

一、闭合电路 /075
二、串联电路 /079
三、电压与电压降 /079
四、并联电路 /081
五、对地短路 /084
六、对电源短路 /085
七、开路 /085

八、电路保护 /085
九、继电器 /090
十、电路图的识读方法 /091
十一、电路图基本特点 /092
十二、电路与导线插接器 /098

**第三节 分析单一的电路图 /102**

一、照明电路 /102
二、启动和充电电路 /105
三、冷却系统电路 /109
四、雨刮电路 /112

# 第三章
# 基本的入门应用

**CHAPTER 3**

**第一节 启动机维修和测量** **/122**

一、发动机启动过程 /122
二、启动机的检测 /123
三、启动机组装 /130
四、启动机维修案例 /133

**第二节 发电机维修和检测** **/136**

一、发电机功用 /136
二、发电机工作原理 /137

三、发电机接线柱识别 /137
四、发电机检测 /140
五、判断充电系统的要点 /143
六、发电机拆解和装配 /145

**第三节 灯光系统维修** **/148**

一、调整前照灯 /148
二、氙气灯 /151
三、照明系统故障 /154

# 第四章
# 进阶的入门维修

**CHAPTER 4**

**第一节 空调系统** **/162**

一、制冷系统循环 /163

二、空调制冷系统的结构分类 /165
三、压缩机 /167

| | | | |
|---|---|---|---|
| 四、冷凝器 | /172 | 六、点火系统 | /235 |
| 五、蒸发器 | /173 | **第三节 变速器电子控制系统** | **/245** |
| 六、膨胀阀 | /175 | 一、变速器多功能开关 | /245 |
| 七、储液罐/干燥器 | /176 | 二、变速器油温传感器 | /247 |
| 八、制冷系统管路 | /178 | 三、变速器输入传感器 | /249 |
| 九、空调系统检测与维修操作 | /178 | 四、变速器输出传感器 | /250 |
| 十、空调故障排除 | /198 | 五、电磁阀 | /251 |
| **第二节 发动机电子控制系统** | **/199** | **第四节 底盘电子控制系统** | **/254** |
| 一、发动机电子控制系统组成 | /199 | 一、ABS系统 | /254 |
| 二、发动机电控系统电源 | /201 | 二、EBA系统 | /257 |
| 三、发动机控制单元 | /202 | 三、电子驻车制动 | /257 |
| 四、主要传感器和信号装置 | /205 | 四、自动驻车 | /259 |
| 五、执行器 | /226 | | |

# 第五章 深度的入门维修

CHAPTER 5

| | | | |
|---|---|---|---|
| **第一节 汽车网络控制** | **/264** | **第二节 防盗系统** | **/270** |
| 一、车载网络组成和任务 | /264 | 一、大众第四代防盗系统 | /270 |
| 二、能量管理组成和任务 | /264 | 二、北京现代防盗系统 | /276 |
| 三、总线系统 | /265 | **第三节 天窗** | **/278** |

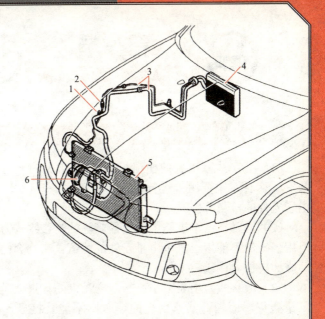

# 《第一章》
## 走进车间

**CHAPTER 1**

## 第一节 了解基本电工设备

一、万用表的使用

（1）数字式万用表的使用见表1-1。常见的万用表有指针式和数字式两种，主要用于进行电流、电压、电阻以及导线的通断性、电子元件的检测等。

（2）通常在汽车维修中使用最广泛的是数字式万用表。指针式万用表一般不能用于汽车电子元件的测试，否则会因检测电流过大而烧坏电控元件或ECU。

（3）数字式万用表工作可靠，它最大的优点就是可以直接显示测量数据，而指针式万用表的读数则不能直接显示，需要根据量程及指针摆度进行计算。数字式万用表电源开关一般会在面板左上部显示屏下方字母"POWER"（电源）的旁边，"OFF"表示关，"ON"表示开。

表1-1 数字式万用表的使用

| 项目 | | 内容 |
|---|---|---|
| 万用表 | 图示/示意图 | 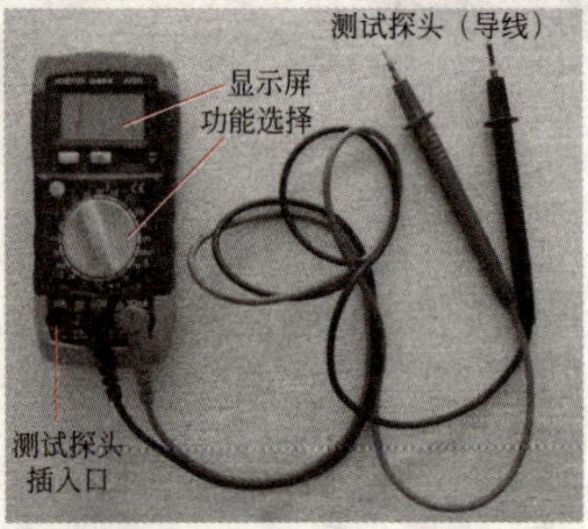 显示屏功能选择；测试探头（导线）；测试探头插入口 |
| | 图解 | 数字万用电表可以用来测量电路中的电流、电压及电阻，以及测试电路的通断及测试二极管等 |

续表

| 项目 | | 内容 |
| --- | --- | --- |
| 选择测量量程 | 图示/示意图 | 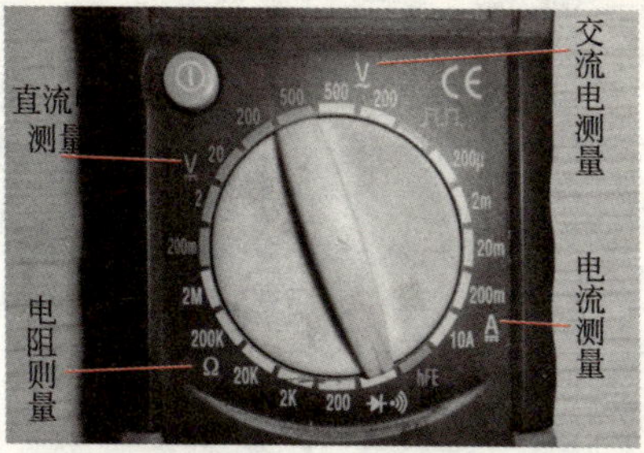直流测量<br>交流电测量<br>电流测量<br>电阻测量 |
| | 图解 | 选择测量量程，可通过功能选择开关完成测量 |
| 交流电压测量 | 图示/示意图 | 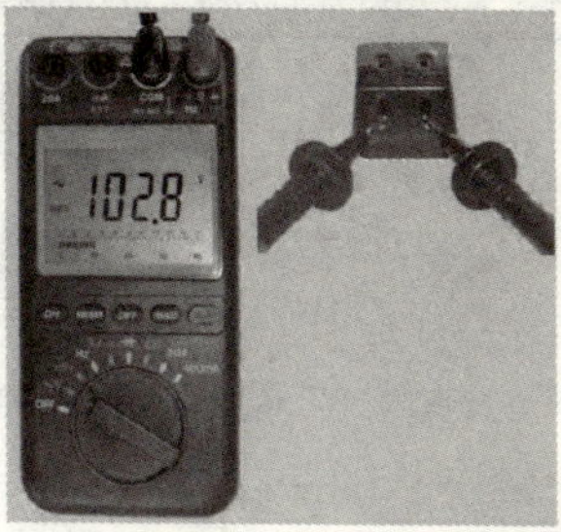102.8 |
| | 图解 | ① 目的：用于测量家庭用或工厂供电线路的电压、交流电压电路及电力变压器端头的电压<br>② 测量方法：将功能选择开关设置到交流电压挡，并连接测试探头；测试探头的极性是可以互相交换的 |
| 直流电压测量 | 图示/示意图 | 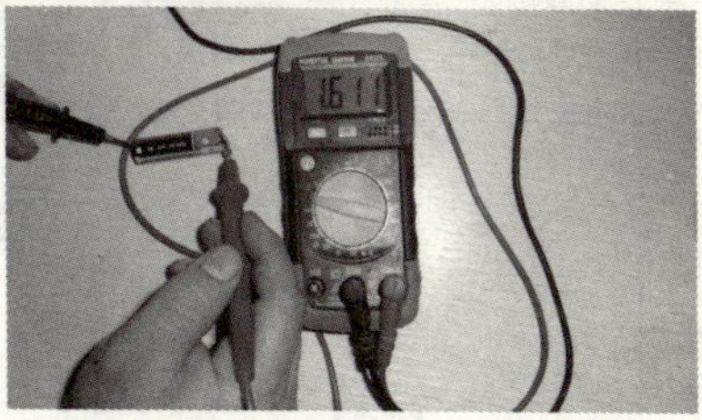1.611 |
| | 图解 | ① 目的：测量各种类型的电池、电气设备及晶体管电路，电路的电压及电压降<br>② 测量方法：将功能选择开关设置到直流电压测量挡位置；将黑色负极测量探头连接地电位，红色正极测量探头放到待测试的部位，并读数 |

续表

| 项目 | | 内容 |
|---|---|---|
| 电阻测量 | 图示/示意图 | 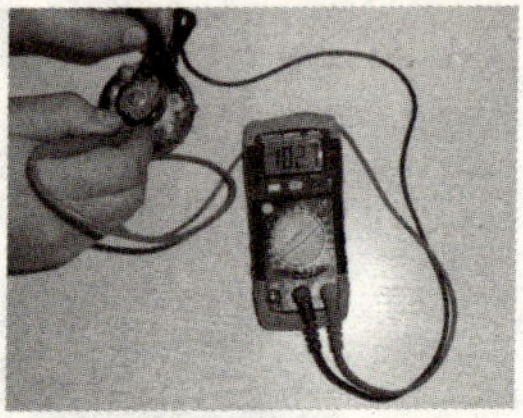 |
| | 图解 | ①目的：测量电阻器电阻，电路的通断、短路、开路<br>②测量方法：设定电阻或连续性的功能选择开关；然后，将测试笔放到待测电阻或线圈两端测量其电阻，此时应保证电阻不带电；二极管不能在此挡测量，因为所使用的内部电压太低 |
| 通断检查 | 图示/示意图 | 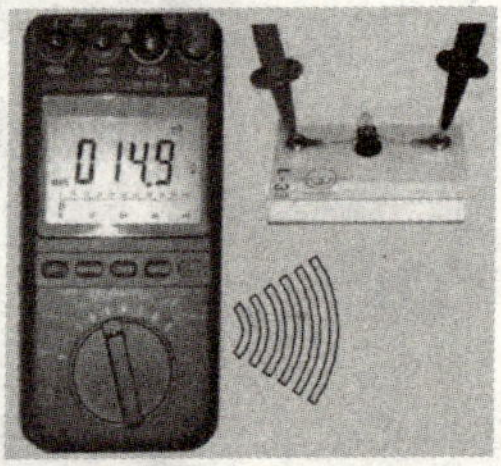 |
| | 图解 | ①目的：为了检查电路的通断<br>②测量方法：将功能选择开关旋到通断测试挡；将测试笔接到测试电路，如果电路接通，蜂鸣器会响；通断检查在实际汽车维修中也是应用频率很高的 |
| 二极管测试 | 图示/示意图 | 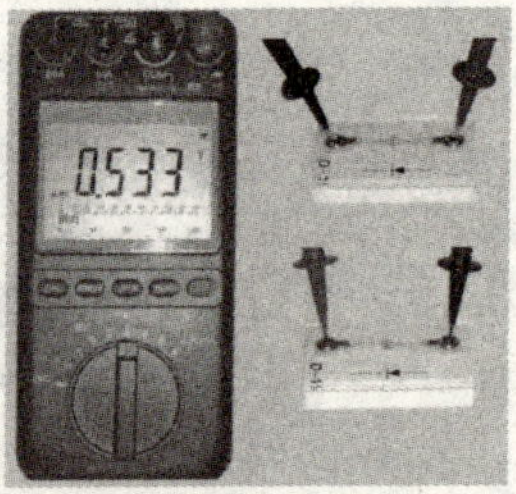 |
| | 图解 | 测试方法：将功能选择开关旋到二极管测试方式挡位，检测两个方向的通路状态；若在一个方向二极管是通的，在交换测试笔之后断开，则说明二极管良好；若二极管两个方向都通路，则二极管被击穿；若两个方向均不通导，说明它已开路 |

续表

| 项目 | | 内容 |
|---|---|---|
| 直流电流测量 | 图示/示意图 | 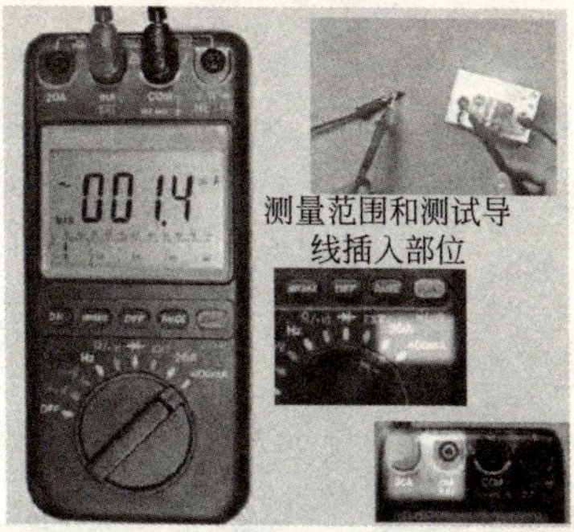 测量范围和测试导线插入部位 |
| | 图解 | ① 目的：测量使用直流电设备或器件的电流量<br>② 测量方法：将功能选择开关旋到电流测量挡位。选择量程的正确插孔，插入正极测试引线；为测量电路中的电流，电流表应串联接进电路中。因此，要断开电路中的某点以接入测试笔引线；将正极测试笔连接高电位一侧，负极测试笔连接低电位一侧，并读数 |

## 二、启动跨接线的使用

### 1 注意事项

（1）电瓶跨接线不可连接至或靠近发动机运转时会转动的部位。进行连接时，跨接线除与正确的电瓶及搭铁连接外，不能碰触其他任何物体。

（2）按照连接时的相反顺序小心地拆开跨接线，即先拆负极跨接线，再拆正极跨接线。

### 2 连接跨接线方法

将电瓶跨接线按点 $a$、$b$、$c$、$d$ 的顺序连接（图1-1和图1-2）。注意操作安全，最好戴手套操作，拿跨线端绝缘处试着轻轻碰一下 $d$ 点连接处，如无火花放电现象后再夹住。如有放电现象则不能用外接电源方法着车，必须更换电池才可以。

## 维修图解

将跨接线正极固定夹（红色）连接至已放电电瓶的正极端（+），将跨接线正极（红色）的另一端连接至外接电瓶正极端（+），如图1-1所示。

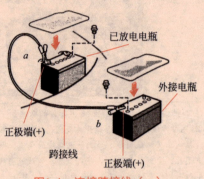

图1-1 连接跨接线（一）

## 维修图解

连接跨接线负极固定夹（黑色）至外接电瓶负极端（-），如图1-2所示。

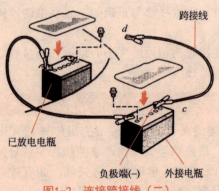

图1-2 连接跨接线（二）

## 维修图解

将负极跨接的另一端连接至已放电电瓶车上之静止金属部位，如图1-3所示。

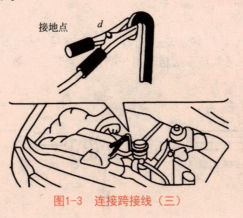

图1-3 连接跨接线（三）

## 三、试灯的使用

### 1 试灯类型

试灯分为有源和无源，有源即有外界提供电源，无源则反之（图1-4）。

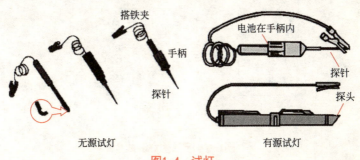

图1-4 试灯

## ② 试灯的使用

（1）无源试灯　使用见维修图解。

### 维修图解

（1）无源试灯就是在一段导线中连接一个12V灯泡，如图1-5所示，当试灯一端搭铁另一端接触到带电的导体时，灯泡就会点亮。

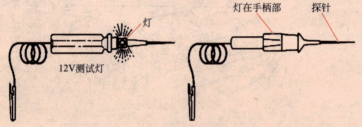

图1-5　无源试灯

（2）如图1-6所示，它不能像电压表一样显示出被检电路点的电压，只能显示是否有电压。

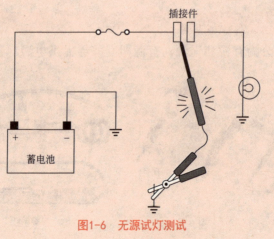

图1-6　无源试灯测试

(2)有源试灯　有源试灯同无源试灯类似,只是自带一个电池电源,连接到一条导线的两端上时,试灯内灯泡点亮,可用于测试线路的通断。不能用有源示灯测试带电电路,否则会损坏试灯。

## 四、发光二极管测试灯的使用

发光二极管测试灯常用于检测控制电路中的12V电压信号,检测控制单元向执行器发出的控制信号。发光二极管测试灯的作用和汽车电工常用的试灯相同,但由于控制系统的控制单元通常以很小的电流来控制各执行器的工作,若直接用试灯检测控制单元及其控制电路,常常会因为电流过大而损坏控制单元内部的电子元件。发光二极管测试灯可以用于检测那些用万用表和试灯等普通工具无法检测的脉冲信号(如电控汽油喷射式发动机的喷油脉冲信号)。另外,也可以很方便地用几个发光二极管同时接在控制单元所控制的各个执行器线路上(如电控自动变速器几个电磁阀的控制线路),对控制单元的工作情况做全面的检测。

## 五、电烙铁的使用

### 1 锡焊的特点

锡焊是焊接的一种,它是将焊件和熔点比焊件低的焊料共同加热到锡焊温度,在焊件不熔化的情况下,焊料熔化并浸润焊接面,依靠二者原子的扩散形成焊件的连接。

锡焊主要特征有以下三点:
(1)焊料熔点低于焊件;
(2)焊接时将焊料与焊件共同加热到锡焊温度,焊料熔化而焊件不熔化;
(3)焊接的形成依靠熔化状态的焊料浸润焊接面,由毛细作用使焊料进入焊件的间隙,形成一个合金层,从而实现焊件的结合。

**维修图解**

常见的电烙铁有直热式、感应式、恒温式，还有吸锡式电烙铁。直热式电烙铁结构见图1-7。直热式电烙铁实物图见图1-8。

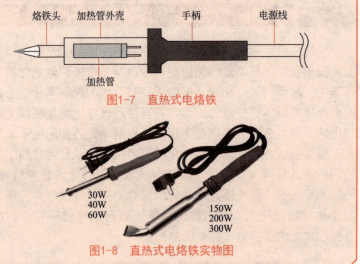

图1-7　直热式电烙铁

图1-8　直热式电烙铁实物图

## 2 锡焊应具备的条件

锡焊必须具备以下条件：
（1）焊件必须具有良好的可焊性；
（2）焊件表面必须保持清洁；
（3）要使用合适的助焊剂；
（4）焊件要加热到适当的温度；
（5）合适的焊接时间。

## 3 电烙铁的使用

（1）调整与判断烙铁头温度。

根据助焊剂的发烟状态判别：在烙铁头上熔化一点松香芯焊

料，根据助焊剂的烟量大小判断其温度是否合适。温度低时，发烟量小，持续时间长；温度高时，烟气量大，消散快；在中等发烟状态，约6～8s消散时，温度约为300℃，这时是焊接的合适温度。

（2）焊接操作。

1）元器件引线加工成型。元器件在印制板上的排列和安装有两种方式，一种是立式，另一种是卧式。元器件引线弯成的形状应根据焊盘孔的距离不同而加工成型。加工时，注意不要将引线齐根弯折，一般应留1.5mm以上，弯曲不要成死角，圆弧半径应大于引线直径的1～2倍，并用工具保护好引线的根部，以免损坏元器件。同类元件要保持高度一致。各元器件的符号标志向上（卧式）或向外（立式），以便于检查。

2）元器件的插装。

① 卧式插装：卧式插装是将元器件紧贴印制电路板插装，元器件与印制电路板的间距应大于1mm。卧式插装元件的稳定性好，比较牢固，受振动时不易脱落。

② 立式插装：立式插装的特点是密度较大，占用印制板的面积少，拆卸方便。电容、三极管、DIP系列集成电路多采用这种方法。

## 维修图解

（1）电烙铁的握法　为了人体安全一般烙铁到鼻子的距离通常以30cm为宜。电烙铁握法有三种（图1-9）。反握法动作稳定，长时间操作不易疲劳，适合于大功率烙铁的操作。正握法适合于中等功率烙铁或带弯头电烙铁的操作。一般在工作台上焊印制板等焊件时，多采用握笔法。

PCB单独作业时　　盘子排线作业（小物体）　　盘子排线作业（大物体）

图1-9　电烙铁握法有三种

（2）焊锡的基本拿法　焊锡丝一般有两种拿法。焊接时，一般左手拿焊锡，右手拿电烙铁。进行连续焊接时采用图1-10（a）的拿法，这种拿法可以连续向前送焊锡丝。图1-10（b）所示的拿法在只焊接几个焊点或断续焊接时适用，不适合连续焊接。

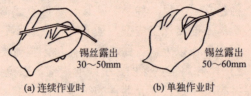

图1-10　焊锡的基本拿法

### 维修图解

焊点合格的标准如下。

（1）焊点有足够的机械强度，一般可采用把被焊元器件的引线端子打弯后再焊接的方法。

（2）焊接可靠，保证导电性能。

（3）焊点表面整齐、美观。焊点的外观应光滑、清洁、均匀、对称、整齐、美观，充满整个焊盘并与焊盘大小比例合适。

如图1-11所示为几种合格焊点的形状，可判断焊点是否符合标准。

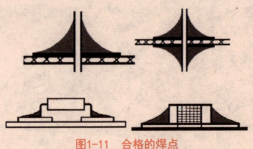

图1-11　合格的焊点

（3）焊接技巧见表1-2。

表1-2　焊接技巧

| 阶段 | 步骤 | 项目 | 操作技巧 | 图示/示意图 |
| --- | --- | --- | --- | --- |
| 开始学5工程法（五步焊接法） | 第一步 | 准备 | 确认焊锡位置，同时准备焊锡 | 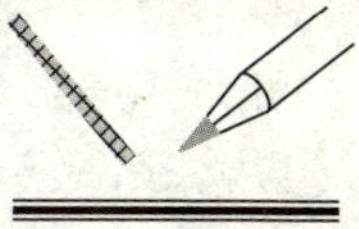 |
| | 第二步 | 接触烙铁头 | 轻握烙铁头母材与部品，同时大面积加热 | 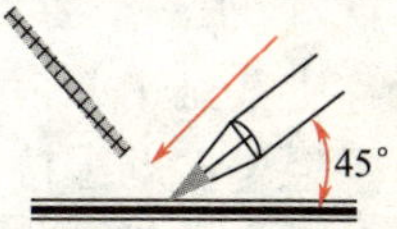 |
| | 第三步 | 放置锡丝 | 按正确的角度将锡丝放在母材及烙铁之间，不要放在烙铁上面 |  |
| | 第四步 | 取回锡丝 | 确认焊锡量后按正确的角度和正确方向取回锡丝 | 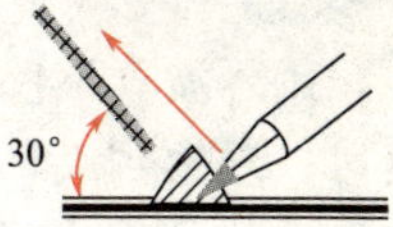 |
| | 第五步 | 取回烙铁头 | 要注意取回烙铁的速度和方向，确认焊锡扩散状态 | 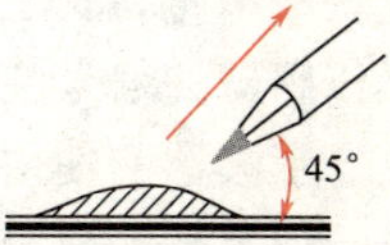 |
| 熟练后学3工程法（三步焊接法） | 第一步 | 准备 | | 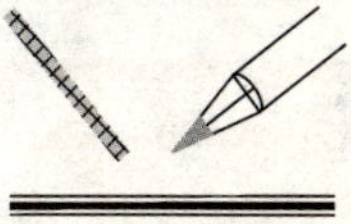 |
| | 第二步 | 放烙铁头，放锡丝（同时进行） | | 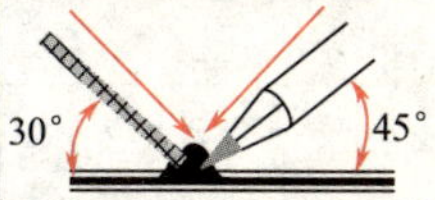 |
| | 第三步 | 取回锡丝，取回烙铁头（同时进行） | | 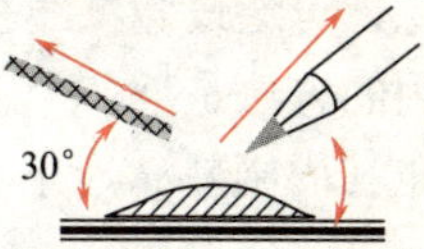 |

（4）检查焊接质量。

1）目视检查，从外观上检查焊接质量是否合格，有条件的情况下，建议用3～10倍放大镜进行目检，目视检查的主要内容如下。

① 是否有错焊、漏焊、虚焊。
② 有没有连焊、焊点，是否有拉尖现象。
③ 焊盘有没有脱落，焊点有没有裂纹。
④ 焊点外形润湿应良好，焊点表面是不是光亮、圆润。
⑤ 焊点周围是否有残留的焊剂。
⑥ 焊接部位有无热损伤和机械损伤现象。

2）手触检查，在外观检查中发现有可疑现象时，采用手触检查，主要是用手指触摸元器件检查有无松动、焊接不牢的现象，用镊子轻轻拨动焊接部或夹住元器件引线，轻轻拉动并观察有无松动现象。

## 六、示波器的使用

用示波器不仅可以测量计算机系统的工作状况，而且通过示波器可以观察到汽车电子系统是如何工作的。此外，汽车示波器能够确认故障是否真正被排除，这可以通过在修理前后从示波器中观看氧传感器的信号波形来加以判断。

示波器的使用主要包括电压信号的采集和输入，电压波形的触发、调整和观察分析以及电压波形的检查。

### 1 电压信号的采集

汽车专用示波器的电压信号有两种：一种是等于或低于蓄电池的低压信号，当电流突然中断时产生的感应电动势高达100V；另一种为高于15kV的高压信号，如发动机的点火电压。对于低电压信号源，可通过测试线直接连接示波器；而对于高压信号的拾取，必须采用的方法是把一个感应夹卡在高压线上，当高压电流通过高压线时，在其周围就感应出一个电压信号，该信号由测试线输入示波器。

### 2 电压信号的输入

电压信号输入示波器可用旋钮选择直流（DC）输入方式和交流（AC）输入方式，后者通过耦合线圈输入，能隔断发电机和二次线圈的低振幅干扰,所以广泛应用于汽车的故障诊断中。

### 3 信号类型

当今汽车电子控制系统中的传感器、执行器、电气系统及电子控制单元等之间通过以下五种基本类型的电子信号进行工作。

（1）直流（DC）信号。
（2）交流（AC）信号。
（3）频率调制信号。
（4）脉宽调制信号。
（5）串行数据（多路）信号。

### 4 波形

示波器在汽车电子控制故障诊断中,主要用于汽车传感器、点火波形、执行器及ECU输入/输出控制信号波形的检测和电路分析。

（1）常见的汽车电控系统电压波形有以下几种（图1-12）。

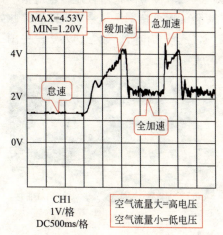

图1-12 翼片式空计流量传感器实测波形

1）直流电压（DC）波形。它是一条直线,如直流发电机的输出电压波形。

2）交流电压（AC）波形。它在屏幕上显示的是一条正弦波曲线。

3）阶梯形电源波形。通常是由开关或继电器触点的开闭而产生的阶梯形直流电压的突变波形。

（2）点火波形，它是在点火初级线圈电流切断时，在点火初级线圈和次级线圈中因自感和互感作用产生的电压波形。

（3）传感器波形，常见的有方波和脉冲波。

（4）其他波形，如对电控系统中执行元件的控制电压波形，对喷油器、步进电机等控制的电压波形。

## 七、高阻抗数字电压表的使用

**维修图解**

电路的电压降与其电阻有关，一般认为使用欧姆表直接测量为最好。实际上欧姆表测量时电压较低，电流很小，不能准确反映电路工作的实际情况，特别是对启动电路。因此如果要准确测量导线和连接部位的接触电阻，最好的办法是检测正常电流通过电路时两端的电压降（图1-13）。

图1-13　测量蓄电池电压

**1　用高阻抗数字电压表测试的方法**

（1）将电压表调到低量程，便于读出1V以下的电压值。

(2）电压表的红引线总是连接导线或部件的正极端，即最靠近蓄电池正极柱的一端。

(3）电压表的黑引线总是连接缆线或部件的负极端，即最靠近蓄电池负极柱的一端。

## 2 测试启动电路事项

测试启动电路必须使电路处于工作状态，即有电流通过电路。根据相关标准，在启动电路中所有导线、接头的最大容许电压压降不应超过0.4V。如果压降为0或数值很小，说明电阻很小或没有电阻。当然，电路不工作时也是如此。如果导线或接头的电压降超过0.3V应视为高电阻，但有的蓄电池导线特别长，根据实践情况，容许电压降也应适当增加。例如2.5m长的蓄电池导线，可容许0.4V的电压降，但不宜太大。如果启动机转动缓慢，应先检测蓄电池的导线或接头电阻是否过高，不应盲目拆卸启动机。每次测量时，在读出电压表读数后应立即使发动机停止转动。发动机转动时间过长会使启动机过热，使液压气门挺杆放油，蓄电池迅速放电。导线及其接头的电阻是否过高，也可以在启动发动机时，用手触摸导线或接头，根据其温度作出判断。如果阻值正常，触摸时应没有特殊感觉。如果感到发热甚至发烫，说明阻值偏高，应清洁接头或更换导线。

# 第二节 认识电气系统部件

## 一、充电及启动系统

### 1 启动及充电装置控制

汽车的启动系统包含一个12V启动电机，这个启动电机会驱动发动机开始燃烧，把电能转化成机械能。车辆的电力系统必须可以提供充足的能量以确保启动电机可以转动曲轴。

## 维修图解

启动及充电装置控制见图1-14。充电系统由一个蓄电池组和一个交流发电机构成。蓄电池必须有足够的能量去运行汽车的起动电机和其他的电力系统。交流发电机会在发动机运行时并且蓄电池需要加大输出时给蓄电池充电。组合仪表上安装有充电警示灯，它会在交流发电机没有输出电能或者电能输出低的情况下被点亮。

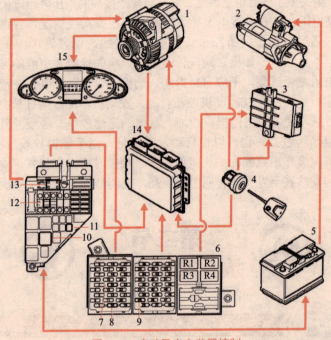

图1-14　启动及充电装置控制

1—交流发电机；2—启动电机；3—网关防盗模块（GIM）；4—点火开关；5—蓄电池；
6—乘客舱保险丝盒；7—交流发电机点火供给保险丝；8—发动机控制模块供给保险丝；
9—组合仪表供给保险丝；10—发动机主继电器；11—点火开关供给/点火熔断丝；
12—乘客舱供给熔断丝；13—主熔断丝；14—发动机控制模块；15—组合仪表

# 第一章 走进车间

## 2 发电机

交流发电机在结构上都相似且都包括一个定子、一个转子、一个整流器和一个调节器。单向输出端用一根粗电缆连接到蓄电池的正极。交流发电机通过其支架接地。三针脚连接器为充电警示灯、点火系蓄电池供电并为发动机控制模块交流发电机充电信号提供连接。

### 维修图解

交流发电机安置在发动机顶部的右前方且用两个螺钉拧进铸件的螺纹孔固定在铝铸件上（图1-15）。交流发电机由于它不同的附加装置，每个都有不同的附着点。驱动带轮附于转子的一端且由曲轴引出的多V形带驱动。交流发电机的位置是固定的，带的张力靠远端的自动张紧轮来维持。

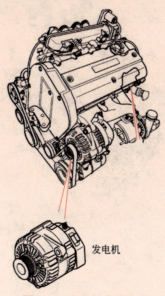

图1-15 发电机安装位置

## 3 启动机

每个启动电机都属于电磁啮合型且都包括一系列线束电动机、一个单向离合器和一个整体线圈。当点火开关移到启动位置时,网关防盗模块发出信号来给启动机线圈提供电压。当发动机要求启动时,网关防盗模块在同意启动要求之前先检查正确的特征编码是否被接收。

### 维修图解

启动发电机位于发动机的左后方且用两个法兰面螺钉固定在变速器外壳的螺纹孔内(图1-16)。启动电机上的连接器为网关防盗模块提供连接。直接与蓄电池正极端子连接的坚固的专用电缆为启动机的运行提供能量。电缆通过铜制的双头螺柱与线圈连接且用螺母固定。

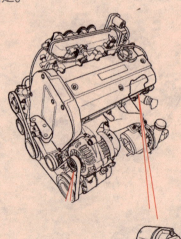

启动机

图1-16 启动机安装位置

## 4 蓄电池

铅酸免维护蓄电池被装在一个带盖的塑料盒中以彻底密封蓄电池。蓄电池盒盖用通风孔狭槽用来防止由于空气阻塞导致的蓄电池过量充电。

注意不要覆盖或阻塞狭槽。蓄电池接线柱允许蓄电池可用夹具型连接器连接。在一些市场上,夹具配有手动螺旋,可使蓄电池不用工具即可快速断开。

### 维修图解

每个蓄电池在结构上都相同(图1-17),只有蓄电池容量会因发动机和变速器附件的不同需求而有所差别。蓄电池使用"钙膨胀"技术,它的正负极是可膨胀的铅钙合金格栅。此技术改进了金属板组的机械完整性和耐久性,且与以前的技术相比降低了水分的损失。

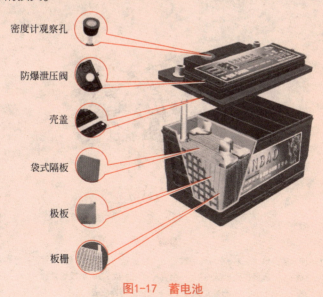

图1-17 蓄电池

## 二、暖风和通风系统

### 1 暖风机通风整体布置

新鲜空气或循环空气从滤清器总成流入暖风芯体总成内,暖风芯体总成内变速鼓风机的冲击效应迫使空气通过整个系统。根据控

**维修图解**

暖风及通风系统控制车辆内部温度并提供给整车内部的空气分配。该系统包含有滤清器总成、暖风芯体总成、分配管及控制面板。通风出风口整合在行李厢内。暖风及通风布置见图1-18。

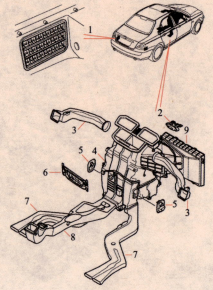

图1-18 暖风及通风布置

1—行李厢出风口;2—冷气旁通波轮组合件;3—仪表板出风口风管;4—暖风机总成;5—暖风机侧出风口;6—空调控制器总成;7—地板通风管;8—中控台通道风管;9—空调滤清器总成

制面板上的设置,空气被加热并通过分配管,提供给仪表板、车门及地面水平面上的出风口。在仪表板上有一个指轮,该指轮可以允许前正平面出风口处的温度及空气气流能独立于控制面板上的设置而调整。

## 2 暖风装置

### 维修图解

暖风机总成与位于发动机舱内的滤清器壳体连接,以便向其提供过滤了的新鲜空气。在暖风机总成壳体上,安装一个新鲜循环空气风门,可以调整车内或车外空气作为循环风。暖风装置分解见图1-19。

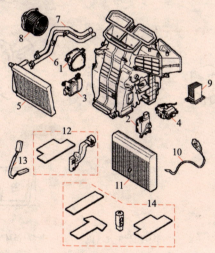

图1-19 暖风装置分解

1—模式风门伺服电机总成;2—右混合风门伺服电机总成;3—左混合风门伺服电机总成(如安装);4—新鲜循环空气风门伺服电机总成;5—暖风芯体总成;6—进水管总成,暖风机芯体到发动机;7—出水管总成,暖风机芯体到发动机;8—鼓风机总成;9—功率管;10—蒸发器温度传感器;11—蒸发器总成;12—蒸发器连接管总成;13—暖风芯体温度传感器;14—蒸发器膨胀阀

### 3 鼓风机

鼓风机安装在暖风机壳体内，在驾驶员一侧，由一个开式轮毂及一个由电机驱动的离心式风扇组成。

#### 维修图解

鼓风机的运行由位于控制面板上的按键控制，通过位于发动机舱保险丝盒内的鼓风机继电器及一个功率管控制（图1-20）。功率管安装在鼓风机风扇空气出风口内，以利于功率管散热。

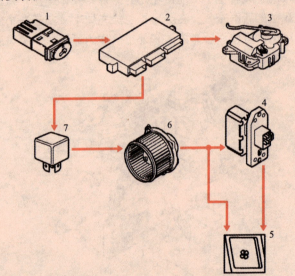

图1-20　鼓风机控制示意图

1—新鲜/循环空气开关；2—车身控制单元（BCU）；3—新鲜/循环空气伺服电机；4—电阻器总成；5—鼓风机开关；6—鼓风机；7—鼓风机继电器

### 4 暖风机总成

暖风机总成按控制面板上所选择的模式加热并分配引导进来的新鲜空气及循环空气。

## 维修图解

暖风机总成位于整车中心线上,安装在仪表板与发动机舱壁之间,壳体是注塑件,壳体内包括鼓风机、暖风芯体及控制风门。暖风机总成内部的通道引导空气流经外壳,并将空气流分为两部分,一部分空气流供左侧出风口,另一部分供右侧出风口。在壳体的底部有两个排水出口,在排水出口上,连接有两根安装在每一侧通道内的管路,通道用来引导任何来自外壳内部的冷凝水,并将它们排到车辆下方。一个专用线束将暖风机总成连接到整车线束上。暖风机总成见图1-21。

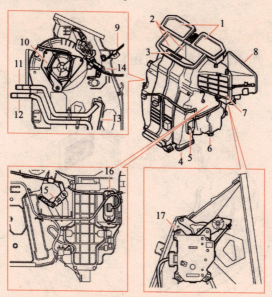

图1-21 暖风机总成

1—风窗及侧窗出风口;2—正前面出风口;3—暖风机旁通出风口;4—后搁脚空间出风口;5—前搁脚空间出风口;6—排水口;7—循环空气进口;8—新鲜空气进口;9—旁通风门机构及控制拉索;10—鼓风机;11—暖风芯体出液管;12—暖风芯体进液管;13—暖风芯体总成;14—模式风门伺服电机及机构;15—混合风门伺服电机及机构;16—功率管;17—新鲜/循环空气风门伺服电机及机构

## 三、空调系统

### 1 空调系统概述

根据车型的不同，车辆上会安装两种空调系统中的一种，电子控制空调系统或自动空调系统（ATC）。

两种系统都由一个制冷系统、一个暖风机总成及一个控制系统组成。自动空调系统和电子控制空调系统的区别在于，自动空调系统比电子控制空调系统多了日光传感器、车内温度传感器、暖风芯体温度传感器，且两者的空调控制器总成是不同的，即控制系统是不同的。

### 2 空调系统布置

（1）空调制冷系统布置　见图1-22。

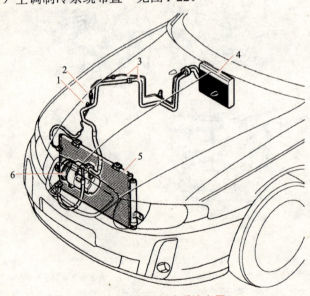

图1-22　空调制冷系统布置

1—低压维修连接器；2—高压维修连接器；3—制冷剂管路；
4—蒸发器及带温度调节装置的膨胀阀；5—冷凝器；6—压缩机

（2）电子控制空调　见图1-23。

**维修图解**

在电子控制空调系统中，进气来源、出气温度、空气分配及鼓风机速度等功能都是手动选择的（图1-23）。

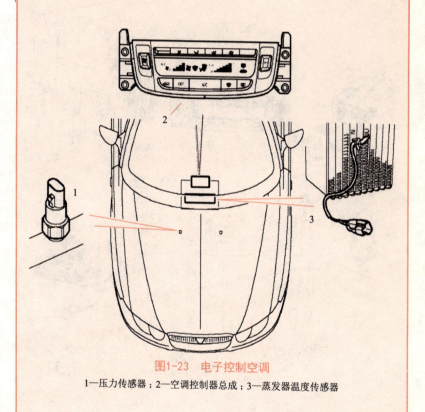

图1-23　电子控制空调
1—压力传感器；2—空调控制器总成；3—蒸发器温度传感器

(3)自动空调系统 见图1-24。

## 维修图解

在自动空调系统中,所有功能都有自动及手动运行模式,带左侧及右侧出口温度控制。自动模式可提供适宜的系统控制,且不需要手动干涉。手动模式允许超越单个功能的自动运行,以适应个人选择。

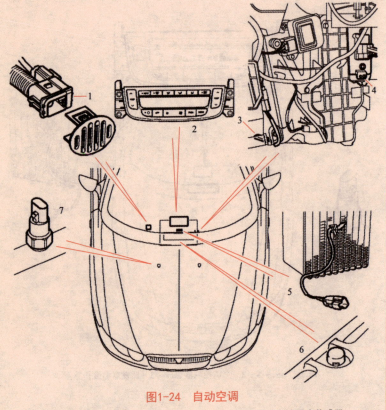

图1-24 自动空调

1—车内温度传感器;2—空调控制器总成;3—暖风芯体冷却液温度传感器;4—功率管;5—蒸发器温度传感器;6—日光传感器;7—压力传感器

(4) 自动空调系统暖风机总成控制及元件　见图1-25。

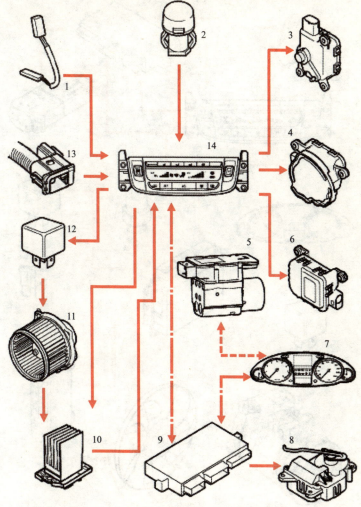

图1-25　自动空调系统暖风机总成控制及元件

1—暖风芯体冷却液温度传感器；2—日光传感器；3—右侧混合风门伺服电机；4—分配风门伺服电机；5—DSC调节器；6—左侧混合风门伺服电机；7—组合仪表；8—新鲜/循环空气伺服电机；9—车身控制单元（BCU）；10—功率管；11—鼓风机；12—鼓风机继电器；13—车内温度传感器；14—自动空调系统ECU

(5) 压缩机和风扇控制及元件　见图1-26。

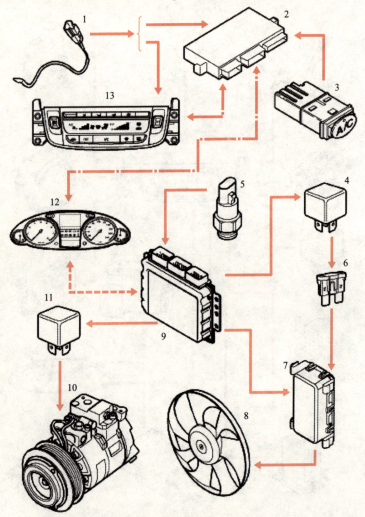

图1-26　压缩机和风扇控制及元件

1—蒸发器温度传感器；2—车身控制单元（BCU）；3—空调开关（电子控制空调系统）；4—主继电器；5—压力传感器；6—冷却风扇继电器保险丝；7—冷却风扇继电器模块；8—冷却风扇；9—发动机控制模块（ECM）；10—空调压缩机；11—空调压缩机离合器继电器；12—组合仪表；13—自动空调系统ECU

## 四、车窗系统

### 1 车窗系统布置和元件图

**维修图解**

车窗系统布置和元件图见图1-27。

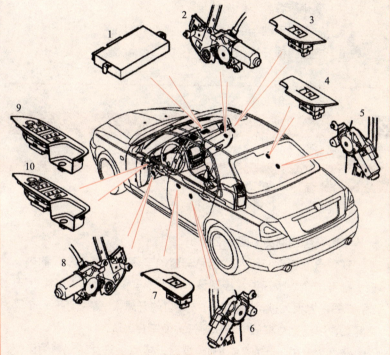

**图1-27 车窗系统布置和元件图**

1—车身控制单元（BCU）；2—右前车门电动玻璃升降器；3—前排乘客侧车门电动车窗开关；4—右后车门电动车窗开关；5—右后车门电动玻璃升降器；6—左后车门电动玻璃升降器；7—左后车门电动车窗开关；8—左前车门电动玻璃升降器；9,10—驾驶员侧车门组合开关

电动车窗系统由安装在前排乘客侧手套箱后部的车身控制单元（BCU）控制，车窗系统是一个由BCU控制的多功能系统。车窗系统主要有以下元件：

(1) 左前侧及右前侧电动玻璃升降器；
(2) 左后侧及右后侧电动玻璃升降器；
(3) 驾驶员侧车门组合开关（DDM）；
(4) 前排乘客侧车门电动车窗开关；
(5) 后车门电动车窗开关；
(6) 中控门锁开关。

## 2 车窗系统控制

### 维修图解

车窗系统控制图见图1-28。

在带有前电动车窗及后电动车窗的车辆上，每个车门的内饰板上都有一个翘板开关，控制该车门上的车窗的升降。DDM上有4个开关，以便驾驶员能控制每个车窗的升降，DDM上还有一个隔离开关，以防止后车门电动车窗开关使车窗升降。

在点火开关位于AUX或IGN位置时，或点火开关转动到关闭位置40s后，电动车窗仍可以升降。如果车门在这40s的时间内被打开或当点火开关转到关闭位置时，车门已经打开，则40s的定时取消。该功能也适用于天窗的运行。

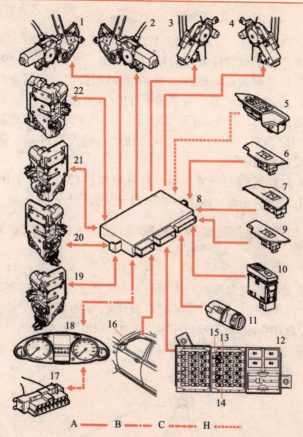

图1-28 车窗系统控制

1—左前车门电动玻璃升降器；2—右前车门电动玻璃升降器；3—左后车门电动玻璃升降器；4—右后车门电动玻璃升降器；5—驾驶员侧车门组合开关（DDM）；6—前排乘客侧车门电动车窗开关；7—左后车门电动车窗开关；8—车身控制单元（BCU）；9—右后车门电动车窗开关；10—中控门锁开关；11—驾驶员侧车门锁芯；12—乘客舱保险丝盒；13—驾驶员侧车门组合开关保险丝；14—后车门电动玻璃升降器保险丝；15—前车门电动玻璃升降器保险丝；16—车窗防夹传感器；17—诊断连接器；18—组合仪表；19—右后车门锁体；20—左后车门锁体；21—前排乘客侧车门锁体；22—驾驶员侧车门锁体

A—硬线；B—K总线；C—诊断总线；H—驾驶员侧车门组合开关总线

### 3 电动车窗

（1）电动车窗  当点火开关位于AUX或IGN位置时，或在BCU接收到来自位于组合仪表上的K总线上的点火关闭信息40s后，电动车窗在任何时候都可运行。当40s定时器处于运行状态时，定时功能可以通过打开任意一个前车门的方式取消，或当BCU接收到点火关闭信息时，一个车门已经打开，此时定时功能也被取消。当定时功能取消后，BCU同时在K总线上，向天窗ECU发送一个信息，使天窗不能运行。

（2）电动玻璃升降器电机  升降器电机直接由位于BCU内的电子继电器提供电源。BCU接收来自开关的信号，并向相应的电动

#### 维修图解

前窗都是电动操纵，由相应车窗上的开关单独控制，或由DDM上的开关控制。每个前电动玻璃升降器电机从BCU处接受电源供给。BCU控制电源及接地连接，并通过颠倒电机极性的方式，操纵电机向任一方向运转，从而使车窗玻璃向上或向下运动。电动车窗见图1-29。

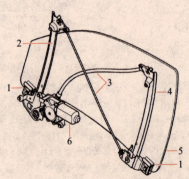

图1-29  电动车窗

1—玻璃升降器橡胶夹（2个）；2—前导轨；3—拉索；4—后导轨；5—前车门玻璃；6—电机总成

玻璃升降器电机提供电源，使车窗上升或下降。车窗的上升或下降也由BCU控制，BCU颠倒提供的电源极性，使车窗上升或下降。

（3）电动车窗防夹　当一个物体夹入车窗玻璃与车窗顶部时，两个防夹传感器接触构成完整的电路回路。传感器的一个接触条与BCU连接，而另一个则接地。当一个物体被夹时，由车窗施加到夹入物上的外力压迫传感器，使两个接触条互相接触。传感器安装时，带有一个终端电阻，在正常运行状况（无夹止）下，该电阻的阻值最高可以达到3.3kΩ。当被一夹入物压迫时，电阻的阻值下降到低于400Ω，BCU会在0.1s内探测到该情况。BCU会立即颠倒驾驶员电动玻璃升降器电机的极性，使车窗玻璃下降到完全打开的位置。

## 维修图解

电动车窗防夹功能见图1-30。

在较高配置车辆上，驾驶员窗上安装一个防夹传感器。防夹传感器中有两个橡胶密封好的触点，该橡胶密封沿车门上框饰条顶部全长布置。当玻璃顶部与车门上框之间夹入一物体时，该物体压迫传感器，使传感器内的两个触点接触在一起，形成一个完整的电路回路。BCU探测到该完整的电路回路后，立即使车窗向下，直到完全打开的位置。

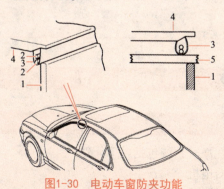

图1-30　电动车窗防夹功能

1—车门玻璃；2—橡胶导线；3—防夹传感器；4—车门上框饰条；5—卡入物

## 4 驾驶员侧车门组合开关

### 维修图解

DDM位于驾驶员侧车门内饰板上，由一个自攻螺钉固定。在装配有4个电动车窗的车辆上，DDM由4个车窗升降翘板开关、1个后车窗隔离开关以及车外后视镜开关组成（图1-31）。

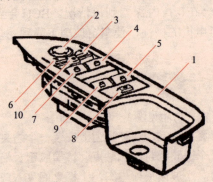

图1-31 驾驶员侧车门组合开关

1—驾驶员侧车门组合开关（DDM）；2—外后视镜调节开关；3—右外后视镜选择开关；4—右前车门电动车窗开关；5—右后车门电动车窗开关；6—左外后视镜选择开关；7—左前车门电动车窗开关；8—后车窗隔离开关；9—左后车门电动车窗开关；10—外后视镜折叠开关

## 五、刮水器和洗涤器

### 1 刮水器和洗涤器布局及元件

刮水器和洗涤器系统包括以下元件。

（1）刮水器电机。

（2）刮水器连杆机构。

（3）两个刮臂及刮片。

(4) 两个洗涤器喷嘴。
(5) 洗涤壶和洗涤泵。
(6) 刮水洗涤拨杆开关。
(7) 前照灯洗涤系统。

**维修图解**

刮水器和洗涤器系统（图1-32）由车身控制单元（BCU）在接收到驾驶员或雨量传感器（如安装）的指令后动作。所有的刮水器功能都是由安装在驾驶杆右手侧的多功能刮水器拨杆开关控制的。

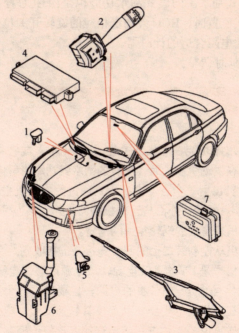

图1-32 刮水器及洗涤器布置图和元件
1—前风窗洗涤喷嘴；2—刮水/洗涤拨杆开关总成；3—风窗玻璃刮水器；4—车身控制单元（BCU）；5—前照灯洗涤喷嘴；6—洗涤壶及洗涤泵；7—雨量传感器（如安装）

## 2 刮水器

（1）刮水器安装位置。刮水器电机位于风窗玻璃下面的空调进气格栅下，该电机安装在一个连杆机构上，该连杆机构则安装在车身的一个支架上。

（2）刮水器系统支持下列功能。

1）程控洗涤及刮水。

2）前照灯洗涤（如安装）。

3）点动式刮水。

4）低速刮水。

5）高速刮水。

6）间歇式刮水。间歇式刮水功能也是由BCU控制的，当开关被置于间歇式位置时，BCU会测量相应的旋转开关位置的电阻然后选择一个与此电阻合适的计时器。

7）间歇延时调整。

### 维修图解

（1）刮水器功能在点火开关处于AUX（Ⅰ）或者IGN（Ⅱ）位置时动作。在发动机启动时，所有的刮水器功能将暂停。

（2）电机包括一个直流电机（它通过附在电机主轴上的蜗杆来驱动蜗轮）。蜗轮在外面与连杆机构器相连，该连杆机构能够驱动连在连杆机构尾端的蜗轮盒上的刮臂。

（3）电机从控制装置上的四针连接器上接收到两个输入信号。第一个输入信号是12V的直流电源，该电源能够使电机快速运转。第二个输入信号也是一个12V的电源，但要串联一个电阻，这样就降低了加在电机上的电压，从而使其转速变慢。电机通过电机外罩将电机与复位控制片进行接地连接，该复位控制片与连接器连接。

（4）电机的连接器中第四个针脚与复位控制片相连接，并且操纵电机的复位开关。复位控制片是一与接地控制片相连的短截面。BCU为复位开关提供电源；当刮水器到复位位置时，该复位控制片就会完成一个回路，同时向BCU发出信号说明刮水器已经在复位位置。该信号也被雨量传感器（如安装）采用。

（5）刮臂安装在连杆机构输出轴的滚花上。刮臂安装螺母和输出轴上的相配合，使得刮臂安装到输出轴上。在刮臂和刮臂安装点之间有个铆钉使同一个刮臂的两段连接起来，铆钉的一侧安装有弹簧，可提供压力使刮臂匹配在玻璃上。

刮水器元件见图1-33。

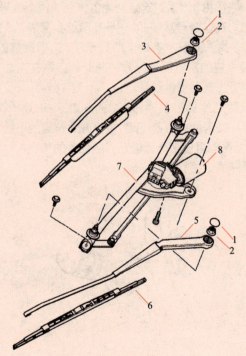

图1-33　刮水器元件及分解

1—轴盖；2—螺母；3—乘客侧刮臂总成；4—乘客侧刮片总成；5—驾驶侧刮臂总成；6—驾驶侧刮片总成；7—连杆机构总成；8—刮水器电机

### 3 刮水器开关

刮水器拨杆开关由一个五挡摆动开关和一个旋转开关组成。间歇式刮水，低速和高速刮水的刮水开关位置是锁定的，而点动式刮水和刮水/洗涤程控开关是不锁定的。

#### 维修图解

（1）间歇式、低速、高速和点动式刮水的开关都会从开关接头1到2之间的某一个金属线的连接完成一个接地路径从开关到达BCU。组合的接地路径由BCU通过选定功能的一个或两个信号来监控。

（2）刮水/洗涤程控的开关一旦开启就会完成一个接地回路从BCU到达单一的洗涤泵。接地回路显示了BCU所选定的洗涤/刮水程控功能及相应的刮水器的操作，同时此回路在完成接地的操作过程中还将为洗涤泵提供能量。

（3）间歇式旋转开关通过BCU的开关来完成一个接地回路，此路径穿过开关内的电阻器，BCU根据开关位置的不同来测定电阻值，BCU将依据电阻值来选择确定间隔延时的长短。

刮水器开关见图1-34。

图1-34 刮水器开关

1—程控洗涤及刮水；2—间歇式刮水；3—低速刮水；
4—高速刮水；5—间歇旋转开关；6—点动式刮水

## 六、外后视镜

在所有车型上都（标准）配置电控外后视镜，每个外后视镜都是由驾驶员侧车门组合开关（DDM）通过一个圆形四向开关及两个左/右选择开关控制的。

### 维修图解

（1）每个外后视镜都是手工装配的，每个外后视镜的基本机构都相同。竖直及水平调节电机被安装在一个镀铬的塑料饰盖内。电机与一个旋转斜盘连接，镜片就安装在该旋转斜盘上。

（2）外后视镜壳体可以向内往车门方向电动折叠，以便让整车通过狭窄的区域。电动折叠功能由位于旋转圆柱内的一个电机实现的，该电机由DDM上的一个单独的附加开关控制。

外后视镜见图1-35。

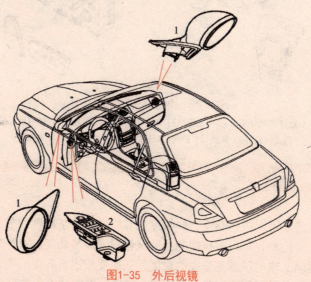

图1-35　外后视镜
1—后视镜；2—组合开关

## 七、电动座椅

驾驶员电动座椅一般为八向可调,前排乘客座椅为手动为四向可调。前排座椅带有加热功能。安装好的前座椅都带有安全带预张紧装置,这些装备是保护装置(SRS)的一部分。电动驾驶员座椅布置见图1-36。

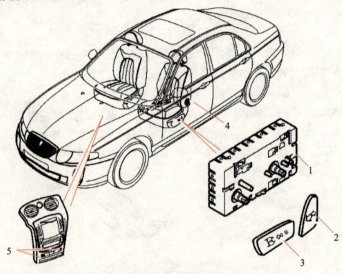

图1-36 电动驾驶员座椅布置

1—驾驶员座椅调节开关盒;2—靠背向前/倾斜调节开关;3—座垫向前/向后、提升/降低、向上倾斜/向下倾斜调节开关;4—腰托调节手轮;5—座椅加热开关

## 维修图解

座垫可以进行高度、倾斜度调节。高度、倾斜度调节由六点式开关控制,两只电机控制高度及倾斜度调节功能。对于高度调节,向上或向下推动开关的后部,从而使相应方向上的两只电机工作。对于倾斜度调节,可以向上或向下推动开关的前部,从而

使座垫的前部上升或下降,以到达所要求的位置。在开关放松前或电机到达其行程极限并发生停顿前,电机一直工作。座椅电机布置见图1-37。

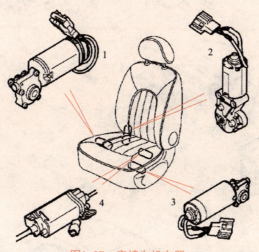

图1-37　座椅电机布置

1—座垫,倾斜电机；2—靠背调角电机；3—座垫,提升和下降电机；
4—座垫,前后电机

## 八、照明系统

### 维修图解

外部照明系统是由位于驾驶员一侧的仪表板总成上的灯光控制模块LSM控制的。LSM包含软件和硬件,是一个用来控制外部照明灯、组合前照灯和组合仪表照明的电子控制元件。外部照明元件及布置见图1-38。

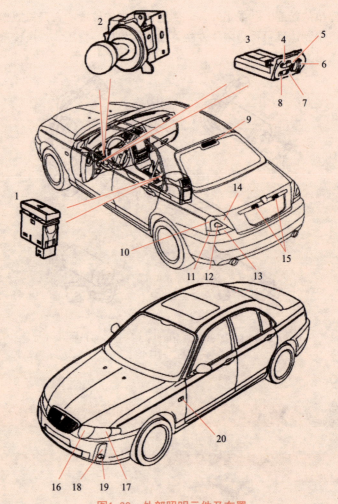

图1-38 外部照明元件及布置

1—危险警示灯开关；2—转向/远光拨杆开关总成；3—灯光控制模块（LSM）；4—前雾灯开关；5—后雾灯开关；6—灯光总开关；7—前照灯调平指轮开关；8—仪表照明调光指轮开关；9—高位制动灯（CHMSL）；10—制动灯；11—倒车灯；12—尾灯；13—后雾灯；14—后转向灯；15—后牌照板灯；16—远光灯和位置灯；17—近光灯；18—前转向灯；19—前雾灯；20—侧转向灯

第一章 走进车间

## 九、天窗

**维修图解**

天窗由一个电动的、带导流板的倾斜/滑动天窗玻璃及一个遮阳板组成。控制系统在倾斜及滑动模式下，有点动打开的功能，以及在倾斜模式下，有点动关闭与防夹保护功能。天窗的运行由一个顶置开关及车身控制单元（BCU）控制。紧急情况下，天窗可被手动关闭。天窗的布置见图1-39。

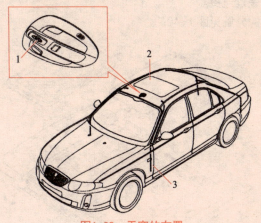

图1-39 天窗的布置
1—天窗开关组件；2—天窗总成；3—排水管

**维修图解**

（1）天窗总成有一个天窗玻璃、一个遮阳板及一个导流板，这些部件都安装在一个框架上，该框架位于顶盖内、顶盖第一横梁之后。在该框架的后部，有一个封板，将遮阳板及天窗玻璃的回收区域封闭。在框架的侧边及前边有成形的排水槽,排水槽在每个角都有一个排水口,供排水管连接,排水管将所有来自排水槽的水自车顶引下,排到轮罩后部。

(2)天窗玻璃安装在一个框架上,框架连接在框架每一侧的槽中。在框架上有一条排水槽,将所有来自天窗玻璃后部的水排入到框架侧面的排水槽中。在框架排水槽与天窗玻璃的间隙中安装有密封条。在框架侧面的滑块,与位于框架及框架侧面的成型槽中的曲柄杠杆连接在一起。在每个滑块上都安装有单独的拉索,拉索围绕框架前端布置。在框架的前面,拉索与电机及驱动装置中的驱动装置连接。

天窗的分解见图1-40。

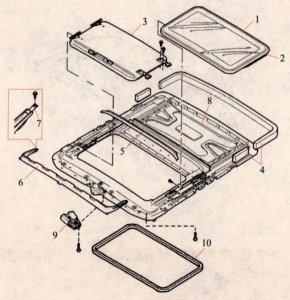

图1-40 天窗的分解

1—天窗玻璃总成;2—天窗玻璃密封条;3—滑轨式天窗遮阳板总成;4—天窗框架密封条;5—排水槽密封条;6—天窗导流板;7—天窗导流板片簧;8—天窗框架总成;9—天窗电机总成;10—车顶天窗饰条

## 十、锁止和防盗系统

车辆锁止系统、报警系统及车辆报警器的运行由车身控制单元（BCU）控制。BCU位于车辆前排乘客侧手套箱后面（各种车辆放置有所不同），用两个螺栓连接在骨架横梁上，拆除手套箱后可以接近BCU。防盗系统布置见图1-41。

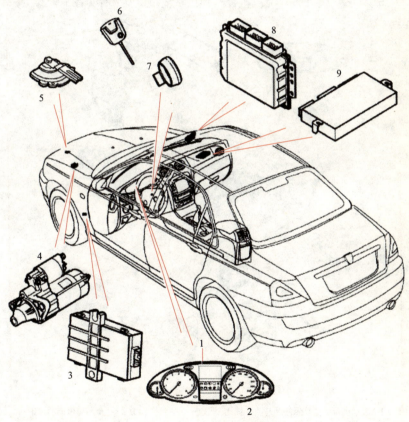

图1-41　防盗系统布置

1—信息显示；2—组合仪表；3—网关防盗模块（GIM）；4—启动电机；5—自动变速器抑制开关；6—钥匙；7—识读线圈；8—发动机控制模块（ECM）；9—车身控制单元（BCU）

## 维修图解

整车有5个锁体及一个加油口盖开闭器。所有锁体共用一个接地线,且除了驾驶员侧车门锁体外,所有锁体都共用来自BCU的电源。驾驶员侧车门锁体电源供给与其他锁体分开,以便安装单点进入(SPE)功能。报警和锁止系统布置及元件见图1-42。

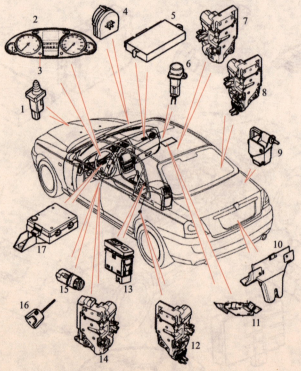

图1-42 报警和锁止系统布置及元件

1—发动机罩防盗警示接触开关;2—组合仪表;3—防盗LED;4—带备用电池的声讯报警器(BBUS)(如安装);5—车身控制单元(BCU);6—惯性开关;7—前排乘客侧车门锁体;8—右后车门锁体;9—加油口盖开闭器;10—行李厢盖锁体;11—超声波控制单元(如安装);12—左后车门锁体;13—中控门锁开关;14—驾驶员侧车门锁体;15—驾驶员侧车门锁芯;16—钥匙;17—无线遥控接收器

第一章 走进车间

## 十一、汽车电子控制系统

### 1 典型的电气控制系统

一般的电气控制系统，输出装置（执行器）直接接收输入装置（传感器）的信号，可直接用，不需要信号控制单元进行处理。

**维修图解**

以发动机点火电路为例，当触点闭合时，电流通过蓄电池、线圈、触点（开关）、接地，初级电路有电流通过。当触点断开的瞬间，初级电路断电，在次级线圈中产生上万伏的电压，通过分电器使相应的火花塞跳火。传统点火系统电路见图1-43。

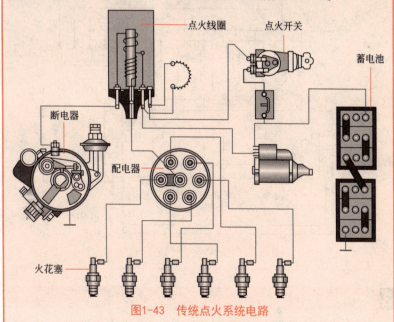

图1-43 传统点火系统电路

## 2 典型的电子控制系统

一般的电子控制系统,信号处理控制单元对输入信号(传感器)进行采集、识别、分析、计算、处理后控制输出装置(执行器)动作。

### 维修图解

以无分电器点火系统为例,如图1-44所示,每一个点火线圈的初级电路是否有电流,由点火模块电子控制系统决定,当点火模块控制相应的晶体管导通时,则对应的初级电路有电流通过。当传感器告诉点火模块需要火花塞跳火时,控制模块会切断初级电路,点火线圈的次级产生高压,使火花塞跳火。

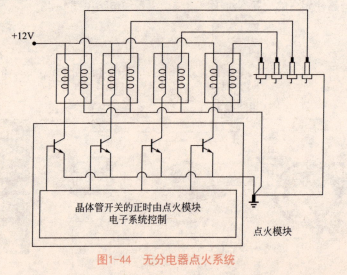

图1-44 无分电器点火系统

## 3 现代汽车电控系统

现代汽车上装配的电子控制系统很多。例如,下述电控系统的共同之处在于它们都是电子控制系统。这些系统中的电子部件,不断向各种信号处理单元发出信息。这些处理器对信息进行"处理",并在必要时发出调整信号并调整输出装置,以使汽车处于最佳工作状态。

(1)发动机电控系统。
(2)自动变速器电控系统。
(3)电控悬架。
(4)电子转向系统。
(5)动态稳定控制系统(防抱死制动系统、防滑系统、动态牵引力控制系统等)。
(6)安全气囊系统。
(7)电子仪表。
(8)防盗系统。
(9)其他系统(娱乐系统、电子速度控制等)。

## 4 发动机电子控制系统

发动机电子控制系统由控制单元(ECU)、传感器和执行器这3个部分的零部件组成。发动机电子控制系统零部件及布局见图1-45。

## 5 五种基本类型的电子信号

(1)直流(DC)信号 在汽车中产生直流(DC)信号的装置有蓄电池、PCM(提供传感器参考电压)以及各种模拟传感器,如发动机冷却液温度传感器、燃油温度传感器、进气温度传感器、节气门位置传感器、热线式空气流量计、节气门开关以及进气压力传感器等。

(2)交流(AC)信号 在汽车中产生交流(AC)信号的装置有车速传感器(VSS)、防滑制动轮速传感器、磁电式曲轴位置传感器(CKP)和凸轮轴位置传感器(CMP)、爆震传感器(KS)。

(3)频率调制信号 在汽车中产生可变频率信号的装置有数字式空气流量计、进气压力传感器、光电式车速传感器(VSS)、霍尔式车速传感器(VSS)、光电式凸轮轴和曲轴位置传感器(CKP)、霍尔式凸轮轴位置传感器(CAM)和曲轴位置传感器(CKP)。

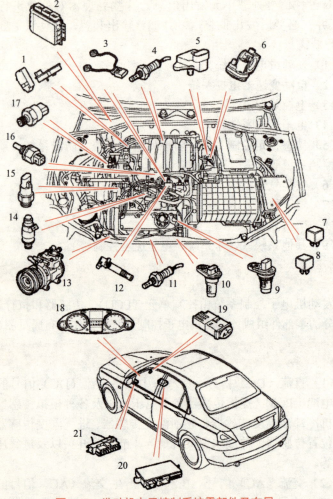

**图1-45 发动机电子控制系统零部件及布局**

1—可变进气阀（VIS）；2—发动机控制模块（ECM）；3—爆震传感器；4—热氧传感器；5—进气温度/进气歧管绝对压力传感器（IAT/MAP）；6—电子控制节气门；7—主继电器；8—空调压缩机离合器继电器；9—凸轮轴位置传感器（CMP）；10—曲轴位置传感器（CKP）；11—热氧传感器；12—点火线圈；13—空调压缩机；14—喷油器；15—动力转向系统液压传感器（PAS）；16—发动机冷却液温度传感器（ECT）；17—空调三级压力开关；18—组合仪表；19—空调开关；20—诊断连接器；21—车身控制单元

（4）脉宽调制信号　在汽车中产生脉宽调制信号的电路或装置有初级点火线圈、电子点火正时电路、废气再循环控制（EGR）、净化控制、涡轮增压和其他控制电磁阀、喷油嘴、怠速控制马达和电磁阀的电路。

（5）串行数据（多路）信号　如果汽车中具有自诊断能力和其他串行数据传输能力的控制模块，则串行数据是由动力控制模块（PCM）、车身控制模块（BCM）和防滑制动系统（ABS）或其控制模块产生的。

## 第三节　电工维修中的禁忌和注意事项

### 一、蓄电池注意事项

#### 1 注意蓄电池的日常维护

（1）要经常保持车辆充电系统的正常工作。若发现发电机和调节器出现故障，应及时排除。

（2）保证电解液的液面高度不能过低，在日常维护中应及时添加补足。

（3）禁止将半放电的蓄电池长期搁置，尤其要注意给蓄电池定期补充充电，使之保持完全充电状态。

（4）禁止蓄电池过度放电，每次接通启动机时间不应超过5s，避免低温大电流放电。

#### 2 蓄电池自放电过大的预防方法

（1）保持蓄电池表面清洁干燥。

（2）加液孔螺塞通气孔畅通，拧紧加液孔螺塞，防止灰尘及脏物进入壳内。

（3）使用按规定配制的电解液，切不可随意添加矿泉水或自来水。

（4）充电电流大小应适宜，防止充电电流过大，导致极板活性物质脱落。

> **特别提示**
>
> （1）蓄电池离热源过近应有隔热措施。
> （2）暂不用的新蓄电池不要灌注电解液。
> （3）对已灌电解液待用的蓄电池应定期充电，以免降低其容量缩短寿命。

## 3 极板短路及预防

导致蓄电池内部短路的主要原因是极板活性物质或其他导电物落入蓄电池内或两极板间使其发生短路。

隔板损坏或活性物质沉积过多都会造成极板短路。如果极板短路，在充电时电解液温度会迅速升高，而蓄电池端电压和相对密度回升相对缓慢，且充电末期气泡很少，用蓄电池放电测试仪测量端电压时，电压很低并且会迅速下降为零。

> **特别提示**
>
> 预防极板短路的方法如下。
>
> （1）加注纯净的电解液，掌握合适的密度。防止蓄电池过充，以免造成蓄电池极板活性物质脱落。
>
> （2）防止过度放电，蓄电池由于过量放电容易在极板内层深处生成粗晶粒硫酸铅，在充电时活性物质得不到恢复，造成内部膨胀，导致极板弯曲，极板活性物质脱落较多，增加了极板活性物质的不均匀性，造成极板弯曲进而加大活性物质脱落，使极板短路。
>
> （3）加液时，防止导电物掉入蓄电池内部。如果极板、隔离板损坏严重，应更换。

（4）对于活性物质脱落导致内部短路的蓄电池，应用蒸馏水冲洗，重新配制电解液后进行较小的电流渐次恢复充电。

## 二、跨接启动时的注意事项

（1）连接跨接线时，操作人员应戴上护目镜，因等待跨接启动汽车蓄电池的周围可能存在可以引起爆炸的氧气。

（2）保证两部汽车的驻车制动都拉上，并且变速器挡位为空位或停车位。

**特别提示**

（1）两车跨接时候，发动支援车，把怠速提升到1200～1500r/min并稳定运转5min以上，以此帮助启动抛锚汽车。

（2）如果跨接很难尝试启动，则停止跨接启动。如果再强行使用支援车会使它的电动机过载或电子系统被电火花击穿而损坏。

（3）保证两部车身之间没接触。避免车辆在启动过程中出现电流经接触的车身流向支援车。

（4）连接启动电缆前必须关闭启动开关和所有电气附件。

（5）不能使用支援车作为蓄电池充电机，因为这样会使支援车的交流发电机过载而损坏。

（6）禁止使用超过16V的电压跨接启动，过高的电压会损坏汽车的电气部件。

（7）在故障汽车正在启动时不能断开连接电缆，否则支援车上的电气部件可能会被高电压击穿而损坏。

## 三、充电系统检修注意事项

（1）汽车交流发电机均为负极搭铁，蓄电池搭铁极性必须与发电机一致，否则蓄电池电压将正向加在整流二极管上，使二极管烧坏。

（2）发电机运转时，不能用螺钉旋具或导线短接交流发电机的"B"、"D"端子，否则发电机电压会迅速升高，使电压调节器烧坏。

（3）一旦发现发电机不发电或充电电流很小时，应及时找出原因并排除故障。如果继续运转则故障就会扩大，如当一个二极管短路后，就会导致其他二极管和定子绕组被烧坏。

（4）当整流器的6个整流二极管与定子绕组连接时，禁止使用220V交流电源检查发电机的绝缘情况，否则将会损坏二极管。

（5）汽车停驶时应断开点火开关，以免蓄电池长时间向磁场绕组放电。

## 四、安全气囊注意事项

（1）不可使用检测灯、电压表、欧姆表等简单工具，应该用高阻抗万用表检测安全气囊系统的电路及SRS报警灯。

（2）拆卸工作必须在点火开关关闭下，并将蓄电池负极电缆线拆下20s以后才能开始。

（3）不可将安全气囊放到无人照管的地方，存放时，应将起缓冲作用的面朝上，表面朝上放置。如果安全气囊在存放时表面朝下，可能会发生意外展开而导致严重事故。切勿在安全气囊总成上放置任何物体。若充气组件从90mm以上高度落地就不能再用了。

（4）为防止损坏安全气囊总成，应使其远离任何机油、油脂、清洁剂和水等。

（5）如果车辆发生轻微碰撞，安全气囊系统虽然没有触发，但也应检查转向盘衬垫、前排乘客安全气囊总成、座位安全带收紧器和安全气囊传感器。

（6）气囊系统只能工作一次，发生事故被引爆后的气囊必须更换。为安全起见，气囊系统的所有元件也需更换。

### 特别提示

（1）在使用喷灯或焊接设备时，不得靠近充气装置，以防导致安全气囊自动充气。

（2）在检修时不要让转向盘衬垫、碰撞传感器、座位安全带收紧器或前排乘员安全气囊总成直接暴露在热空气中或接近火源，充气组件不能承受65℃以上的温度。

（3）在拆检或更换安全气囊时，切勿将身体正面朝向气囊总成。

## 五、空调系统维修注意事项

### 1 R134a的使用注意事项

（1）密封良好的制冷剂瓶，应储存在阴凉、干燥、通风的地方，防止受潮。

（2）R134a的仪器、设备和工具等要专用，不能与用R12的互换。

（3）检修制冷系统时应戴好安全防护眼镜和手套，切忌让液态制冷剂接触皮肤，特别是手和眼睛，以免被冻伤。

（4）加注R134a时，应先将制冷剂瓶放在40℃以下热水中进加热，但禁止用喷灯类的加热装置加热，否则，会导致制冷剂瓶内压力增大而发生爆炸。

（5）必须使用专用密封圈或密封垫，防止制冷剂泄漏。

（6）加注时，应使制冷剂瓶保持在直立状态，防止制冷剂以液态方式进入压缩机。

### 2 冷冻油的使用注意事项

（1）必须使用原车空调压缩机所规定的冷冻油牌号，不得使用其他油来代替，否则，会损坏压缩机。

（2）冷冻油吸收潮气能力极强，所以，在加注或更换冷冻油时，操作必须迅速。在加注完后应立即将油罐的盖子封紧储存，不得有渗透现象。

（3）不能使用变质的冷冻油。

(4)冷冻油加注量要符合要求,不要过多,以免影响制冷效果。

### 3 空调系统检测注意事项

(1)检修时,如必须打开制冷剂管路,应先排空制冷剂,不可接触液态或气态制冷剂。如因不慎,制冷剂溢出,不可吸入制冷剂/空气混合气。

(2)操作时,应打开通风装置并戴上橡胶手套和防护眼镜。

(3)若不慎将制冷剂溅到眼睛或皮肤上,应立即用大量的冷水冲洗,然后用一块无菌布盖在受伤部位上,去医院进行专业治疗,千万不要自己处理,以免出现冻伤。

(4)尽管制冷剂不易燃烧,但仍不可在充满制冷剂的屋内吸烟、焊接及硬/软钎焊。

(5)制冷剂不允许排入周围环境中,必须用专门的设备抽取。制冷剂可再生利用或送回生产厂进行处理。如果R134a进入大气,会加剧温室效应。

(6)检测空调中,应将打开的部件和管路接头都密封好,空调部件敞开时间过长,潮气会进入系统内。因此,如空调敞开时间很长,那么必须更换相关部件后才可充注制冷剂。

(7)当检查出制冷系统密封圈泄漏,则制冷管路的O形密封圈必须更换。新密封圈安装前用制冷剂或机油浸润,并且必须保证密封圈正确装入管内或槽内,而且还要保证其周围环境清洁。所安装的O形密封圈涂有颜色,目前有"红色"、"淡紫色"或"紫色",某些接头处用的密封圈涂有黑色。

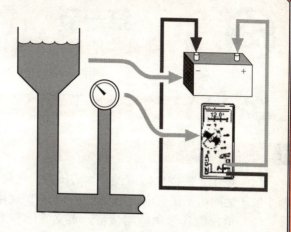

# 《《第二章》》
## 初步入门知识

# CHAPTER 2

## 第一节 电工维修中的术语和概念

 一、电压

### 1 电压的形成和概念

（1）电压是造成电流流过导体的压力（电动势）。电压力是由两个原子之间由于正负电荷量的失衡而具有的"电位差"形成的。

（2）电压的计量单位叫伏特，英文常缩写为V。大多数汽车电路用蓄电池或发电机作电源，是12V电系，有的卡车用24V电系。汽车电子系统的发展，今后采用24V甚至42V电系的轿车会越来越多。

### 2 直流电压

最常用的直流电压电源包括原电池（蓄电池）、相应的发电机（部分接有整流器）、光电池（太阳能系统）和开关模式电源。在技术领域还通常组合使用变压器和整流器。

### 维修图解

（1）电压可以比作水塔内生成的水压，压力是由塔顶（相当于12V）和塔底或地面（相当于0V）之间的位差产生的。如果在蓄电池正极接线柱与底盘接地之间测量车用蓄电池产生的电压，会发现这两端之间的压差正是推动电流通过电路的电压。

（2）没有电压与接地的闭合回路就不会有电流。电压和电流合起来便可以做功，比如点亮灯泡或使电机转动。

电压示意图见2-1。

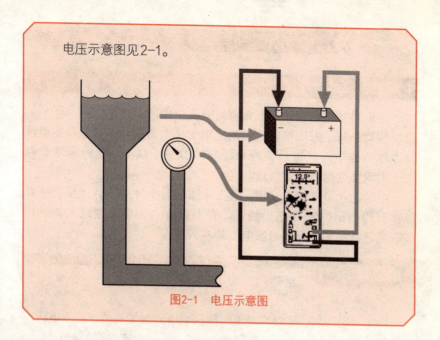

图2-1 电压示意图

## 维修图解

电压值和极性保持不变的电压称为恒定（理想）直流电压（图2-2）。

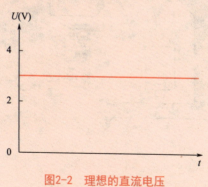

图2-2 理想的直流电压

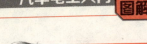

## 二、电流

### 1 电流的形成和概念

电流是指电荷载体（例如物质或真空中的自由电子或离子）的定向移动。每个时间单位内流动的电子（电荷载体）数量就是电流强度，俗称电流。每秒钟内流经导体的电子越多，电流强度就越大。电流强度用电流表测量。

电流的计量单位是安培，英文常缩写为字母A。1A电流意味着每秒有约为$6×10^{18}$个电子通过。有不到0.1A的电流通过人体就足以造成严重伤害，可以想象电流是多么厉害。

### 维修图解

用水塔为例，可以将电流比作从水塔到水龙头的水流。电压还是正负端之间的位差，电流是电的实际流动。在水塔的例子里，从水塔到地面的实际水流类似于电流。只有在受到电压作用时才会有电流（图2-3）。

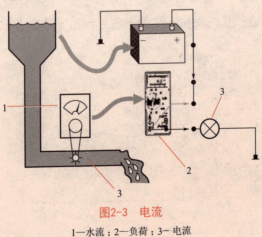

图2-3 电流

1—水流；2—负荷；3—电流

## 2 直流电流（DC）

方向、大小保持不变的电流称为直流电流。最简单的情况是，电流流动不随时间而改变，这种电流称为直流电流（DC）。电流方向从正极流向负极。

## 3 交流电流（AC）

除直流电流外还有交流电流（AC）。交流电流是指以周期方式改变其极性（方向）和电流值（强度）的电流。该定义也适用于交流电压。交流电流的特点是其电流方向呈周期性变化。电流变化频率（通常也称为电源频率）表示每秒钟内电流朝相同方向流动的次数。

## 4 脉冲电流

方向不变，强度随时间作周期性改变的电流就是脉动电流，也称脉冲电流。如果在一个电路中直流电源和交流电源可同时起作用，就会产生脉动电流。因此，周期电流是直流电流与交流电流叠加的结果。

## 三、电阻

### 1 电阻的形成和概念

（1）电阻阻碍或限制电流在电路中的流动，所有的电路都有电阻。所有导体，如铜、银和金，都对电流有阻力。电阻的计量单位叫欧姆，电阻的符号为希腊字母 $\Omega$。

（2）并不是所有的电阻都是有害的。在一个正常的照明灯电路中，灯泡的灯丝通常是唯一可测到的电阻。灯丝的电阻抵抗电流，使灯丝加热到白炽的程度。

（3）电阻可以阻滞或限制电流的流动。

（4）三个因素可以影响电阻的大小：温度、导体长度和导体材料截面积。

### 维修图解

电路中如有不需要的电阻会消耗电流,造成负荷工作不正常或根本不能工作。电路的电阻越大,电流越小。由图2-4中可以看出电阻有如水管中的一个缩颈。

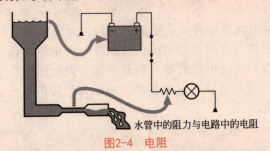

水管中的阻力与电路中的电阻

图2-4 电阻

## 2 作为元件使用的电阻

带有四个色环,其中第一、二环分别代表阻值的前两位数,第三环代表倍率,第四环代表误差。快速识别的关键在于根据第三环的颜色把阻值确定在某一数量级范围内。

由于在大多数情况下导线的电阻都会带来不利影响,因此电子系统通常需要将电路电流限制在一个特定限值内。在此根据具体用途将相应类型和大小的电阻作为元件使用。由于电阻尺寸通常很小且不印出或很难看清电阻值,因此通常用色环来表示电阻值。

每种颜色都代表一个特定的阻值,因此可以通过计算色环数值总和得到电阻值。电阻上注明的电阻值仅适用于温度20℃的条件,之所以有这种限制是因为所有材料的电阻都会随温度而变化。

## 3 NTC热敏电阻器

非金属物质具有热敏电阻特性,NTC热敏电阻器。NTC表示"负温度系数",其电阻值随温度升高而降低。电阻器可通过电流固有的加热特性直接加热,也可通过外源间接加热。

## 维修图解

在车辆内,NTC 热敏电阻器用于测量温度,例如冷却液、进气、车内和车外温度。NTC 热敏电阻器见图 2-5。

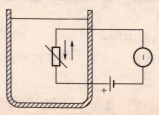
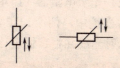

热敏电阻器用作温度传感器示意图　　NTC 热敏电阻器的电路符号

图 2-5　NTC 热敏电阻器

## 4 PTC 热敏电阻器

PTC 热敏电阻器的阻值随温度升高而增加。因此,这种热敏电

## 维修图解

PTC 热敏电阻器在汽车中的应用:PTC 热敏电阻器用作空调系统内风扇电机的过载保护装置,也用来控制车外后视镜内的加热电流。PTC 热敏电阻器用来监控燃油箱储备量。车外后视镜内加热控制电路见图 2-6。

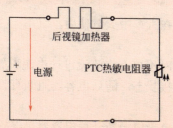

图 2-6　车外后视镜内加热控制电路

阻器的温度系数称为正温度系数，这表示，该电阻器在低温条件下比高温条件下能够更有效地导电。

### 5 光敏电阻器（LDR）

（1）光敏电阻器（LDR） 光敏电阻器是可以在光线影响下改变自身电阻的光敏半导体组件。

（2）光敏电阻器（LDR）在汽车中的应用 例如，在自动防眩车内后视镜中，两个LDR测量向行驶方向的入射光线和向其他方向的入射光线并将它们进行比较。

### 6 测量电阻

欧姆电阻值用欧姆表测量（万用表的测量电阻挡）。在大多数情况下使用多量程测量仪（万用表），避免出现读数错误和不准确。测量电阻时要注意以下几点。

（1）测量期间不得将待测部件连接在电压电源上，因为欧姆表使用本身的电压电源并通过电压或电流确定电阻值。

（2）待测部件必须至少有一侧与电路分离，否则并联的部件会影响测量结果。

（3）极性无关紧要。

## 四、电容器

### 1 电容器作用

电容器和电阻在汽车中大量使用，汽车上的控制模块都离不开电容。

电容器充满电时不再有电流流过（电流表显示0A），即使之后电压电源仍保持连接状态。随后电容器阻断直流电流，即电容器电阻变为无限大。

电容器与直流电压电源断开后电容器仍保持充电状态，即两个金属板之间存在电子差，电容器存储了电能。

### 维修图解

电容器是一个能够存储电荷或电能的元件,最简单的电容器由两个对置的金属板和金属板之间的一个绝缘体组成(图2-7)。

● 带正电的
● 带负电的

图2-7 电容器

### 2 电容器特性

通过改变开关位置使电容器短路时,放电电流朝反方向流动,直至两个金属板重新为电中性,或电阻内的电能转化为热能时,放电电流停止流动。

### 维修图解

(1)电容器充电过程开始时的电流较高,而开始时的电压较低或为0V。随着电容器充电过程的进行,电流越来越小,电压越来越大。

(2)电容器充满电时不再有电流经过,电压达到电压电源值。

(3)电容器开始放电时电流较高,但与充电时的流动方向相反。电压开始时为最大值,然后随电容器放电而不断降低(图2-8)。电容器完全放电后不再有电流经过,电容器金属板之间没有电势差。如果单位时间内充电和放电过程的数量增加，例如通过施加交流电压，则单位时间内的充电和放电电流数量就会增大，因此单位时间内的电流平均值也会增大。因此电容器内的电流变大，即电容器电阻明显减小（电容性电抗）。电容器在车辆上作为短时电荷存储器使用，用于电压滤波和减小过压峰值。

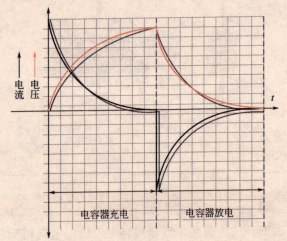

图2-8　电容器充电/放电期间电压和电流曲线特性示意图

### 3 电容器在汽车上的应用

**维修图解**

　　如图2-9所示为汽车车内照明灯关闭延迟电路。电容器C与继电器的线圈并联在一起。因此，释放开关后仍有电流通过继电器，从而通过照明灯。通过继电器的励磁线圈使电容器放电后，继电器就会关闭照明灯电路，照明灯电流在开关释放后延迟一小段时间才中断。

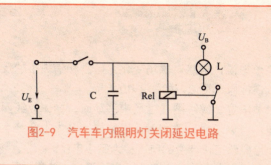

图2-9 汽车车内照明灯关闭延迟电路

## 五、线圈和电感

### 1 汽车线圈和电感元件

在车辆电气系统上线圈有多种用途,例如用作点火线圈、用于继电器和电机内。在车辆电子系统上,线圈用于感应式传感器内,例如曲轴和凸轮轴传感器,同时线圈也可以用于输送能量(变压器)或进行过滤(例如分频器)。在继电器内利用线圈的磁力切换开关。

### 2 磁力线圈和电磁感应

(1)基本线圈是指缠绕在一个固体上的导线,但不一定要有这个固体,它主要用于固定较细的导线。线圈用在变压器、继电器和电机内。

(2)有电流经过线圈时,就会产生磁场,线圈将电能存储在磁场中。切断电流时,磁能重新转化为电能,产生感应电压。线圈最重要的物理特性是其电感,除了电感外,实际线圈还具有其他一些(通常是不希望出现的)特性,例如电阻或电容。通过在线圈中放入一个铁芯可使磁场强度增大1000倍。铁芯不是电路的一部分。带有铁芯的线圈称为"电磁铁"。

## 维修图解

简单地说,电感对磁场变化(建立和消失)的反作用与物理学中的惯性原理相似,如图2-10所示。

(1)电导体或线圈在磁场中移动时,导体或线圈内就会产生一个电压。磁场强度改变时,导体或线圈内也会产生电压。该过程称为电磁感应,产生的电压称为感应电压。

(2)感应电压的大小取决于磁场强度(绕组数量N、电流强度I和线圈结构)。

(3)电导体或线圈在磁场中的移动速度不断变化的电流经过线圈时,线圈周围就会产生一个不断变化的磁场。电流每变化一次线圈内都会产生一个自感应电压,产生该电压的目的在于抵消电流变化。

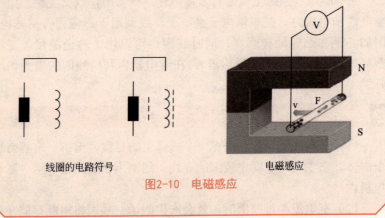

线圈的电路符号　　　　电磁感应

图2-10　电磁感应

### 3 电磁感应在汽车上的应用

感应式脉冲传感器根据感应原理工作。为此主要需要一个线圈(绕组)、一个磁场和"移动"。通过这种测量原理能够以非接触(因此也不产生磨损)方式测量角度、距离和速度。

## 维修图解

（1）感应式脉冲传感器——曲轴位置传感器（图2-11），它是测量发动机转速的。它由一个永久磁体和一个带有软铁芯的感应线圈构成。飞轮上装有一个齿圈作为脉冲传感器。在感应式脉冲传感器与齿圈之间只有一个很小的间隙，经过线圈的磁流情况取决于传感器对面是间隙还是轮齿。轮齿将散乱的磁流集中起来，而间隙则会削弱磁流。飞轮及齿圈转动时，就会通过各个轮齿使磁场产生变化。

（2）磁场变化时在线圈内产生感应电压。每个单位时间内的脉冲数量是衡量飞轮转速的标准。控制单元也可以通过已知的齿圈齿隙确定发动机的当前位置。通常使用6°齿距的脉冲信号轮，缺少一或两个轮齿的部位定为基准标记。

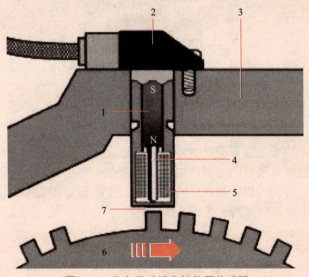

图2-11　汽车发动机曲轴位置传感器

1—永久磁铁；2—传感器壳体；3—发动机（变速器）壳体；
4—软铁芯；5—线圈；6—齿隙（基准标记）；7—间歇

## 六、二极管

### 1 检测二极管

（1）二极管是一种由两种不同半导体区域，即P层和N层，构成的电子元件。使用塑料或金属外壳对半导体晶体进行保护，以免受到机械损伤。两种半导体层与外部进行电气连接。P层形成阳极，而N层形成阴极。二极管结构和电路符号见图2-12。

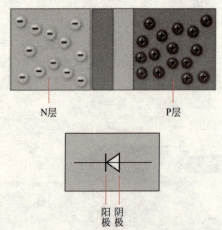

图2-12 二极管结构和电路符号

（2）检查二极管最好的方法是检测二极管的单向导电特性。用万用表检测二极管的电阻。如果二极管正极的电阻比较小反向电阻比较大，说明二极管是良好的；如果二极管正反向电阻都比较大或比较小那么可以判断二极管是损坏的。

### 2 发光二极管

发光二极管（LED）和普通二极管一样，发光二极管是P-N结二极管。当发光二极管正向导通时能够发光。

特性是比普通的灯泡发热小，寿命长。以低功率消耗发出亮光，只需较低电压即可工作。

## 第二章 初步入门知识

**维修图解**

（1）LED必须始终与一个串联电阻连接在一起，以便限制经过发光二极管的电流。

（2）一个LED的N层掺杂较多时，P层的掺杂只能较少。这样二极管接入流通方向时，电流几乎只通过电子运载。P层内出现空穴与电子结合（复合）的情况时，释放出能量。根据具体半导体材料，这种能量以可见光或红外辐射形式释放出来。由于P层非常薄，因此可能有光线溢出。

发光二极管见图2-13。

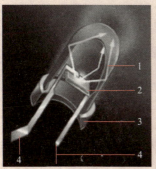 

图2-13　发光二极管
1—发光光线；2—P-N结；3—壳体；4—接头

### 3 光敏二极管

光敏二极管是P-N结二极管（图2-14），是由半导体和透镜组成的。如果在有光线照射的光敏二极管加上反向电压，则反向电流就会通过。它的电流强度的变化和照在光敏二极管的光线多少成比例。当光敏二极管加上反向电压时，它测试的逆向电流的多少就可确定光照量的多少。

073

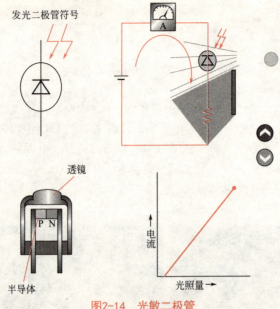

图2-14 光敏二极管

### 4 稳压二极管

稳压二极管接入阻隔方向。如果在阻隔方向上超过一个特定的电压,电流就会明显提高,二极管即可导电。通过提高掺杂物质可使阻隔层变得很薄,因此电压为1～200V时就会击穿。为了在出现击穿电压时电流迅速升高不会造成二极管损坏,必须通过一个相应的电阻限制电流。稳压二极管在车辆电子系统中用于稳压和限制电压峰值。

### 5 整流二极管

整流二极管是利用P-N结的单向导电特性,把交流电变成脉动直流电。整流二极管流电流较大,多数采用面接触性料封装的二极管。另外,整流二极管的参数除前面介绍的几个外,还有最大整流电流,是指整流二极管长时间的工作所允许通过的最大电流值。它是整流二极管的主要参数,是选项用整流二极管的主要依据。

## 6 晶体管

晶体管是由三个半导体层组成的电子元件,又称三极管。每个半导体层都各有一个电气接头。根据半导体层的分布方式分为PNP晶体管和NPN晶体管。这三个半导体层及其接头称为发射极E、基极B和集电极C。电荷载体从发射极移动到基极(发射出去)并由集电极吸收。因此晶体管有两个PN结,一个位于发射极与基极之间,另一个位于集电极与基极之间。晶体管结构见图2-15。

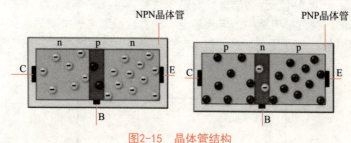

图2-15 晶体管结构

## 第二节 电路基础和电路图识读

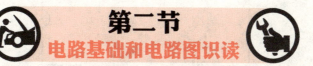

### 一、闭合电路

#### 1 闭合电路构成

平常所说的电就是指流过闭合电路的电流。一辆汽车可能包含1000多条不同的电路,有的非常复杂,不过基本原理都一样。为了能构成闭合电路,必须有电源、导体、负荷与接地路径。汽车电路包括如下部件。

(1)电源:蓄电池或发电机。
(2)导体:导线或电缆。

(3)接地路径：汽车底盘与蓄电池接地电缆。
(4)负荷：灯泡或电机。
(5)保护装置：保险或断路器。
(6)控制装置：开关或继电器。

## 维修图解

无论部件在什么位置和有多少数量，电流总是在闭合回路中流动。在汽车电路中，电流从电源出发，通过电气负载后回到接地。图2-16所示为一典型汽车电路中电流循环的路径。

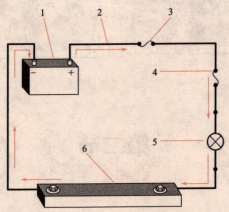

图2-16　典型的汽车电路组成

1—电源；2—导体；3—保险；4—开关；5—负荷；6—底盘接地

### 2 闭合电路的部件

（1）导体　电流可以很容易通过的材料都是导体。铜为汽车电器中常用的导体，影响导体的一些因素已经在前面讨论过了。

（2）电压源　电路中的电压源提供电压。汽车电源是蓄电池与发电机。

（3）负荷装置。

## 维修图解

负荷将电流转换为热、光或运动,后窗除雾器(热)、灯泡(光)和电机(运动)都是负荷装置的实例。图2-17中所示的负荷符号代表一个前照灯或其他照明装置。

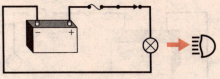

图2-17 电路中的负荷装置

(4)接地路径 接地完成回到电压源的路径。电压在电路的接地侧最低,汽车大多采用蓄电池负极接地。

## 维修图解

在汽车上给每个系统单设一个回到蓄电池的接地线是不实际的。大多数汽车电路采用车身接地(搭铁)构成回路。车身接地(图2-18)利用汽车的车身、发动机或车架作为回到电压源的路径,这些部件的钢材料为电流提供了很好的回路。

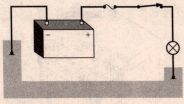

图2-18 车身接地

(5)控制装置 控制装置,如开关或继电器,可以使电流在电路中的特定点接通或断开,让电路更便于使用。电路中的闭合开关接通电路,使电流可以流过。断开开关则电路断开,电流停止。

**维修图解**

在简单电路中,开关处于什么位置没有关系。如图2-19所示,如果电路是断开的,则电流不能通过。即使开关位于接地侧,如果电路不闭合,灯泡也不会点亮。

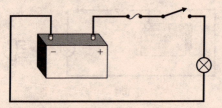

图2-19 开关断开的影响

(6)电路保护装置 每条电路中包含有一个或多个保护装置用来防止导线或电子元件受到损坏。保护装置可以是保险、熔线、断路器或其组合。

(7)蓄电池 在启动期间,蓄电池给启动机、点火系统与供油系统部件提供电力。发动机关闭时,由蓄电池提供全部汽车电力。汽车启动以后,当汽车的需要暂时超过充电系统的输出时,蓄电池起附加电源的作用。图2-20所示为蓄电池极板与蓄电池的表示符号。

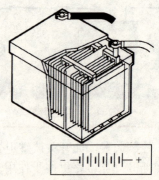

图2-20 蓄电池极板与蓄电池的表示符号

（8）后备容量　后备容量用分钟表示，指的是充满电的蓄电池以25A放电率在单格电压降到1.75V以下之前的放电时间。额定后备容量表明充电系统失效时汽车在开着前照灯的情况下还能走多久。

## 二、串联电路

串联电路是只有一个闭合路径供电流通过的电路。如图2-21所示，当电路中的开关闭合时，只有一条通路可以通过电流。串联电路是最简单的电路形式。

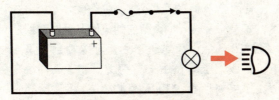

图2-21　简单的串联电路

## 三、电压与电压降

### 1 电压降

（1）闭合电路中的部件或负荷工作时需消耗一定的电压，电压降说的就是负荷两端消耗的电压。只在有电流时才有电压降。

（2）电压降转换为热或运动。在简单的灯电路中，灯两端的电压降将灯点亮（电压转变为热）。如果还串有其他负荷或灯，各装置上的电压降是成比例的。

（3）电阻最大的负荷电压降最大，串联电路的总电压降等于电源电压。

（4）有时电压降表示电路中出了故障。例如，导线或接插件腐蚀造成的电阻可能消耗原本给负荷用的电压。

（5）最后一个负荷的接地侧的电压应该总是接近零（小于0.1V）。

## 2 串联电路电压降

（1）在串联电路中，通过电流时各负荷上的电压降成比例，增加电路的负荷会减少可用的电压。例如，串联新的灯会使所有的灯变暗。在只有一个负荷的电路中，这个负荷将消耗全部电源电压。如果测量电压，可以看到在负荷前是12V，负荷后是0V。

（2）负荷消耗全部12V电压。

### 维修图解

（1）在有两个负荷的电路中，相等的负荷均分电压。如图2-22所示，如果测量第一个负荷前的电压，可以看到是12V。

（2）经过第一个负荷电压降后，可以看到在第二个负荷上剩下6V电压，该电压降在后一负荷上，剩下0V，每个负荷的电压降为6V。如果将所有的电压降加起来，可以得到总和为12V（6V+6V=12V）。全部电压降之和应等于电源电压。

（3）增加串联的负荷会减少每个负荷的可用电压，并使电路中的电流减少。例如，增加串联的灯会使所有的灯变暗。断开电路中的开关时，有电压但是没有电流。尽管电路中没有电流，但在部分电路中可能有电压。

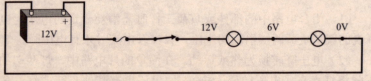

图2-22　串联电路电压降

## 3 串联电路中的电流

在串联电路中，只有一条路径供电流通过，电流通过各负荷后经接地回到蓄电池。由于串联电路中只有一条电流通路，电路中任何一处断开（称为开路）都会使电流中断。

## 维修图解

在串联电路中，每个负荷都对电流构成一定阻力。串联的负荷越多，电路中的总电阻越大，电流就越小（图2-23）。

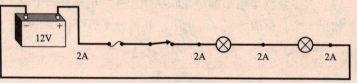

图2-23　串联电路电流

### 4 串联电路中的电阻

## 维修图解

要求串联电路的总电阻可将各电阻加在一起，电阻在电路中处于什么位置无关紧要。例如，图2-24所示电路的总电阻为18Ω，算式为10Ω+8Ω=18Ω

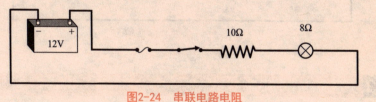

图2-24　串联电路电阻

## 四、并联电路

### 1 基本电路

（1）并联电路是有一条以上电流通路的电路。虽然电压、电流与电阻仍然影响并联电路,但与简单串联电路的影响不同。

(2) 在并联电路中,每个分支上都加有蓄电池电压,增加分支不减少可用电压,也就是说,并联电路的每个分支有如一个单独的串联电路。

(3) 大多数汽车电路都是并联电路。并联电路有一个很大的优点:如果一个负荷或分支呈高电阻,其他分支仍可正常工作。

## 2 并联电路中的电压

### 维修图解

加在并联电路每个分支上的电压与电源电压相等,如图2-25所示,各负荷的电压降也相等。

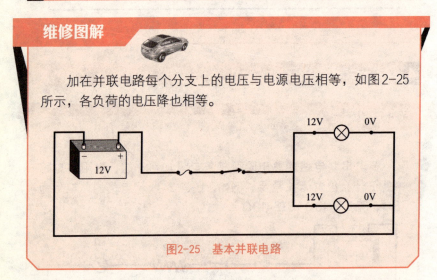

图2-25 基本并联电路

## 3 并联电路中的电流

(1) 当电路包含多条通路时,每个分支的电流(与各分支的电阻有关)可能会不相同,但各分支的电压不变。

(2) 如果并联电路一分支呈高电阻,其他分支不受影响。

(3) 在并联电路中,增加分支和并联的负荷会使总电流加大,因为电流有更多的路可走。并联电路的这一特点说明了为什么加装额外的用电装置可能会引起问题。

### 维修图解

图2-26所示为典型的并联电路,电流在分接点处分成两个分支,每个分支都有自己的负荷与接地路径。在并联电路中,总电流等于各分支电流之和。因此在本例中,总电流等于4A+2A,即6A。

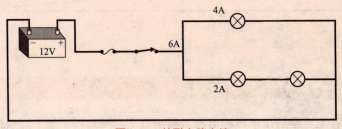

图2-26 并联电路电流

(4)在现有串路中不正确地搭接这类装置(音响、警报器等)可能会使电流过大以致使电路保险熔断。

## 4 并联电路中的电阻

### 维修图解

计算并联电路总电阻(图2-27)要稍微困难些,有时求并联电路总电阻不太实际,因此最好记住并联电路的总电阻比最小的分电阻还小。例如,在图示电路中,最小的电阻为6Ω,总电阻为4Ω。

实际计算时,可以用电路的电源电压除以各分支电流之和。电源电压为12V,一分支电流为2A,另一分支电流为1A,总电流为1A+2A=3A。12V/3A=4Ω 即为电路总电阻。

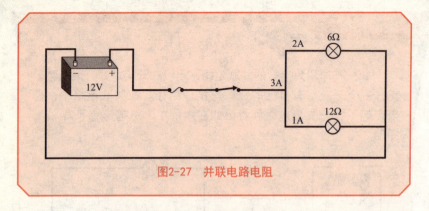

图2-27 并联电路电阻

## 五、对地短路

对地短路是在电路的电源侧和接地侧之间出现了条不需要的路径。发生这种情况时,由于电流总是要走阻力最小的路径,电流会绕过本应经过的负荷。

因为负荷电阻有限制电流的作用,跨过负荷的短路会造成很大的电流。

### 维修图解

过大的电流会使保险熔断。图2-28所示电路中,短路使电流绕过断开的开关和负荷直接入地。

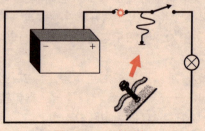

图2-28 对地短路

## 六、对电源短路

电源短路也是电流有了不希望有的通路。

### 维修图解

在图2-29所示电路中,有一条通路绕过开关直接加到负荷上。这样即使没有接通开关,灯泡也点亮。

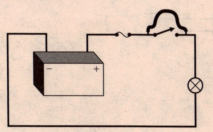

图2-29 对电源短路

## 七、开路

去掉电源侧或接地侧的导体便断开了电路。由于不再有闭合回路,因而没有电流,电路"断开"。在开路电路中,开关断开电路,中断了电流。

## 八、电路保护

### 1 电路保护装置

(1)在有些情况下,电路中的电流可能很大。如果电路没有某种保护措施,短路可能会使全部可用电流都从该处通过。

(2)如果电流大于设计的承载能力,导线可能过热并燃烧,所以每条电路中包含有一个或多个保护装置用来防止导线或电子元件受到损坏。

### 维修图解

保护装置可以是保险、熔线、断路器或其组合。汽车上有的计算机具有自我保护功能,在过载或电压超过规范值时会自行关机。常见电路保护装置见图2-30。

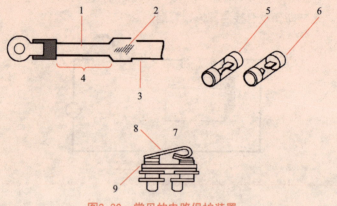

图2-30 常见的电路保护装置

1—小截面部分;2—分接点;3—电路导体;4—熔线;5—好的保险;
6—熔断的保险;7—断路器;8—双金属臂;9—触点

## 2 保险

(1)保险是插入件,两端间接有一个可以熔化的导体,设计保证当通过的电流超过规定值时保险便熔断,并能够在修复电路故障后更换。一定要按原规格更换保险。

(2)利用保险壳上的两个槽口,技师可以检查电压降、可用电压或导通性。

(3)保险在结构上保证了当电流到达一定值时,金属会熔化断开,从而使电路断开,这样便断开了电路,避免电路的导线与部件电流过大。

## 维修图解

保险有四个基本类型：管形保险、大保险、标准叶片式保险与小保险（图2-31）。叶片式保险在汽车上最常见，有特定的额定电流和色标。

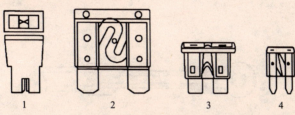

图2-31 保险的类型

1—管形保险；2—大保险；3—标准叶片式保险；4—微型叶片式保险（小保险）

## 维修图解

保险上标有额定电压和额定电流值的永久性标记。保险按处理电流的能力分级，以10A保险为例，如果电路中的电流超过10A过多并持续一定时间，保险就会断开（图2-32）。

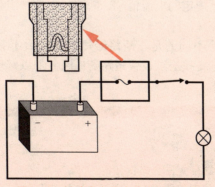

图2-32 保险在电路中作为保护装置

### 3 熔线

（1）熔线结构如图2-33所示，熔线装在靠近电源处。

（2）在难以使用保险或断路器的场合，通常用熔线来保护大部分汽车导线。

（3）发生过载时，熔线中较细的线段部分会先熔断，将电路断开避免线路受损。

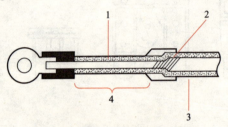

图2-33 熔线结构

1—小截面线段；2—分接点；3—电路导体；
4—通过电流过大时，熔线在此处熔断

### 4 断路器

断路器一般有两种型式：循环式与非循环式。

（1）断路器可以是一个单独的插件，也可以是装在开关或电机电刷座中的一个部件。

（2）当超过规定的电流值时，断路器中的一组触点将电路暂时分断。

（3）与保险不同的是，断路器每次断开后不必进行更换，但是，断路后还是要找出过载或短路的原因并加以修理，以免造成电路的进一步损坏。

**维修图解**

循环式断路器见图2-34。

（1）循环式断路器中有一个双金属片，两种金属受热时膨胀率不一样。当双金属片中通过的电流过大时,膨胀率较大的金属由于热量积聚而弯曲,将触点打开。

(2)电路断开后,无电流通过,双金属片冷却收缩直到触点再次将电路闭合。在实际工作中,触点的打开是很快的。

(3)如果发生连续过载,断路器会重复循环(断开与接通)直到纠正过载为止。

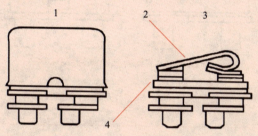

图2-34 循环式断路器结构

1—侧视图(外部);2—双金属臂;3—侧视图(内部);4—触点

## 维修图解

非循环式断路器见图2-35。

(1)非循环式断路器用一段高阻导线绕在双金属臂上,在触点打开时电路仍可通过这段导线维持一个高电阻通路。它所产生的热量使双金属片在电路撤去电压前不致于冷却下来将触点接通。撤去电压后,双金属片才可冷却下来使电路复原。

(2)对于非循环式断路器,断开电路后,需撤去电路电压才能将断路器复位。

(3)重要的电路,比如前照灯电路,不能使用非循环式断路器,因为暂时性短路会使电路电压中断,要一直等到断路器可以复位为止。

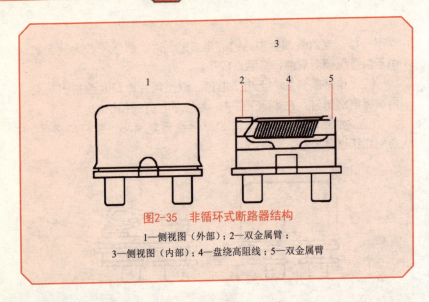

图2-35 非循环式断路器结构

1—侧视图（外部）；2—双金属臂；
3—侧视图（内部）；4—盘绕高阻线；5—双金属臂

## 九、继电器

继电器是一种利用小电流控制大电流的电动开关。继电器在汽车中的应用很广，燃料泵、喇叭和启动系统等都使用了继电器。

### 维修图解

如图2-36所示，继电器由控制电路、电磁铁、衔铁和一组触点组成。给控制电路通一个小电流接通电磁铁可吸动衔铁。衔铁动作后或断开或接通装在衔铁上的触点。

（1）当继电器控制电路闭合时，电磁铁将衔铁吸向铁心，接通触点为负荷提供大电流。

（2）当控制开关断开时，没有电流到继电器线圈。电磁铁断电，衔铁回到常态位置，即未动作时的位置。

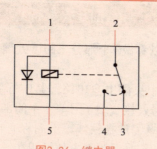

图2-36 继电器

1,2—自电源；3—常闭触点；4—至负荷；5—接地（控制电路）

## 十、电路图的识读方法

### 1 三个掌握要点

（1）掌握各种车型的电路图中图形意义、标注规则、符号含义和使用方法等，记不住不要紧，但要看着电路图能找到对应元件。

（2）掌握一定的电气系统的工作原理，尤其是电气元件的电路输出和输入。

（3）掌握承修车辆的电器布置情况。

### 2 一种两路的技巧

（1）一种车型。

精心分析一种车型的典型电路，掌握各个系统之间的接线特点和规则，进而了解一个车系电路特点。

（2）两路理顺。

第一，顺向：从用电设备找到蓄电池正极和搭铁，顺着电流，流向找从蓄电池正极出发到用电设备到搭铁。

第二，逆向：逆着电流方向从负极搭铁到用电器到蓄电池正极。

选择一种路径或者两种路径结合的方法去理顺，善于将一个复杂的系统回路简化，这样有利于快速理清电路结构。

## 十一、电路图基本特点

电路图通常可以看做3个部分来阅读处理,最上部、最下部和中部。

最上面部分为中央配电盒电路,其中标明了熔丝的位置及容量、继电器位置编号及接线端子号等。中间部分是车上的电气元件及连线。最下面的横线是搭铁线,上面标有电路编号和搭铁点位置;最下面搭铁线的标号是为了方便标明在一页内画不完的连线的另一端在何处而标注。

### 1 电路图最上部

**维修图解**

如图2-37所示,在大众车系电路图中,控制单元(J519)符号置于最上部。

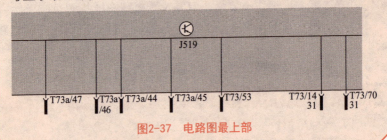

图2-37 电路图最上部

### 2 电路图最下部

**维修图解**

如图2-38所示,负极搭铁电位最下部,用图中最下面一条导线表示。

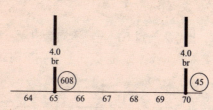

**图2-38　电路图最下部**

608—接地点（在排水槽中部）；45—接地点（在仪表板中部空调器右侧支架上）

## 3 中间部分

### 维修图解

如图2-39所示，大众车系电路图中，中间部分是车上的电气元件及连线。

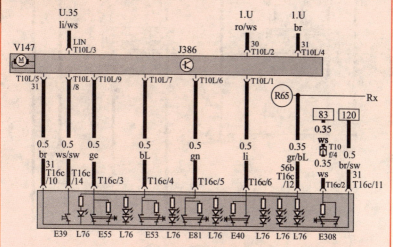

**图2-39　电路图中间部分**

V147—驾驶员侧车窗升降器电机；E39—后部车窗升降器锁止开关；
E308—驾驶员侧车内联锁按钮

## 4 电流路径

电流方向基本上是从上到下,电流流向为电源正极→保护装置→开关→用电器→搭铁→电负极,形成简明的完整回路(图2-40)。

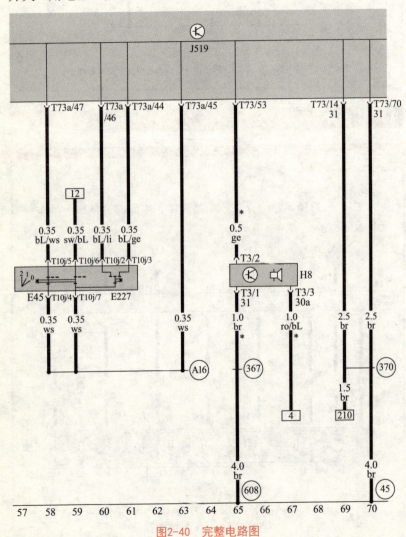

图2-40 完整电路图

## 5 用小方块里的数字代号解决电路交叉问题

大众车系采用断路代号法来处理线路复杂交错的问题，例如（图2-41），某一条线路的上半段在电路号码为4的位置上，下半段在电路号码为67的位置上，在上半段电路的终止处画一个标有67的小方格，即可说明下半段电路就在电路号码67的位置上，下半段电路开始处也有一小方格，里面标有4，说明上半段电路就应在电路号码为67的位置上，通过4和67，上、下半段电路就连在一起

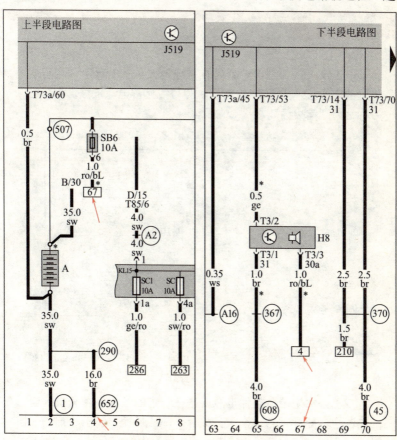

图2-41 图中小方块为电路交叉

了。使用这种方法以后，读再复杂的电路图，也看不到一根横线，线路清晰简洁，方便查找。

## 6 电路图最上边的内部正负线路

最上区域内部水平线为接电源正极的导线，有30、15、X等。电路中经常通电的线路使用代号30，接地线的代号是31，受控制的大容量用电设备的电源线代号是X，受控制的小容量用电设备的电源线代号是15。

### 维修图解

（1）常火线　常电源就是在蓄电池正常的情况下，均有规定电压的电源线，如图2-42所示，30号线接蓄电池正极，汽车维修中称之为"常火线"。

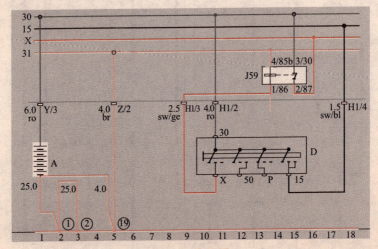

图2-42　电路图

（2）条件电源　条件电源就是在一定的条件下才有规定电压的电源线，即15号线。点火开关置于ON（接通）和ST（启动）挡时，30号线经点火开关连接中央继电器盒内的15号线，也就是说打开点火开关时会有电。

（3）卸荷线 卸荷线（X）是大容量火线，雾灯、刮水器和风窗加热等用电取自X线，只有在点火开关位于ON挡时X触点继电器J59才工作，30号线经X触点继电器触点接通X线，而在点火开关位于ST（启动）挡启动发动机时X线自动断电，从而保证发动机能顺利启动。

### 7 中央控制盒

汽车的整个电气系统以中央配电盒为中心进行控制，大部分继电器和保险丝安装在中央配电盒的正面。接插器和插座安装在中央配电盒背面。

### 维修图解

如图2-43所示，电路图上标有4/85、3/30、2/87和1/86，分母数85、30、87和86是指继电器上的4个插脚，分子和分母是相对应的。电路图上的 **2** 表示该继电器在中央控制盒的2号位置安装的。

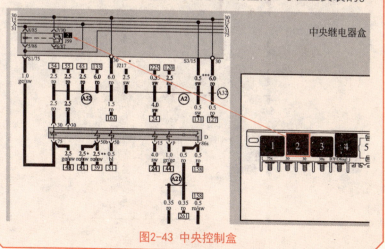

图2-43 中央控制盒

### 8 电源线与继电器

（1）灰色区域内部水平线为接电源正极的导线，有30、15、50、X等。电路中经常通电的线路使用代号30，接地线的代号是31，受控制的大容量用电设备的电源线代号是X，受控制的小容量用电设备的电源线代号是15。

（2）在继电器中，85号接脚用于接地线，86号接脚来自于条件电源（如15号线或X线），30号接脚经常通电，87号接脚用于被控制件。当条件电源通电后，85、86号线导通，产生磁性，吸引30号与87号线路之间的触点闭合，使用电器通电。

## 十二、电路与导线插接器

### 1 导线和电路图特殊标记

电路图中导线一般用实线表示，有些导线的右边带有*、**、***、*数字、*字母，表示该导线并不适用于所有车型，具体信息会在右侧列表中标出。导线一般有主色和辅色两种（图2-44）。

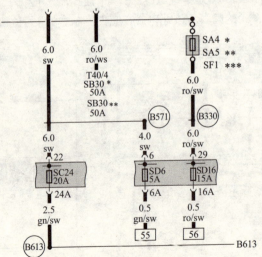

图2-44 导线和电路图特殊标记

## 2 导线特定含义和颜色代码

导线颜色特定含义见表2-1。

表2-1　部分导线颜色特定含义

| 颜色 | 特指用在电气设备的导线 | 颜色 | 特指用在电气设备的导线 |
| --- | --- | --- | --- |
| 红色 | 蓄电池电源线 | 棕色 | 搭铁线（31） |
| 绿色 | 点火开关（1） | 黄色 | 前照灯线路（58） |

在大众车系电路图上，导线颜色均以德文缩写形式标注，其中文含义对照表见表2-2。

表2-2　导线颜色代码

| 代码 | 含义 | 代码 | 含义 |
| --- | --- | --- | --- |
| bl | 蓝色 | ro | 红色 |
| br | 棕色 | sw | 黑色 |
| ge | 黄色 | li | 紫色 |
| gn | 绿色 | ws | 白色 |
| ro/sw | 标有红色和白色两种颜色的一根导线 | | |

## 3 导线规格

### 维修图解

电路图中在导线的中间部分标注了该导线的规格（单位：$mm^2$），这是表示导线的粗细，横截面积（图2-45）。在电路维修时，如果无法得到一样规格的导线，只能够采用截面积大一个规格的导线来代替。

# 汽车电工入门 全程图解

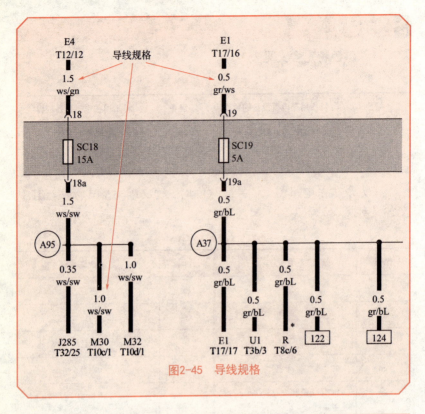

图2-45 导线规格

## 4 接地点（搭铁）

### 维修图解

　　一般用汽车车身作为搭铁，通贯整个车辆的搭铁导体，用电路图底部的一根细线来表示。在细线上，会标注电路序号以及搭铁线在车身上的搭铁位置序号。一般（搭铁）接地点在电路图的起始页码就会标出，如图2-46所示。在电路图查找过程中，可以在右侧的列表中找到搭铁点在车身上的具体位置。

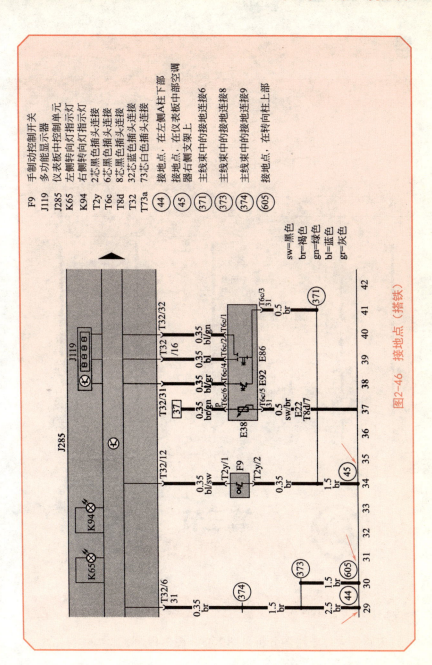

图2-46 接地点（搭铁）

## 5 插接器

### 维修图解

如图2-47所示，不论是控制单元上的插接器（电脑插头）还是线路连接插头，都是由接线端代号在电路图上查找的。

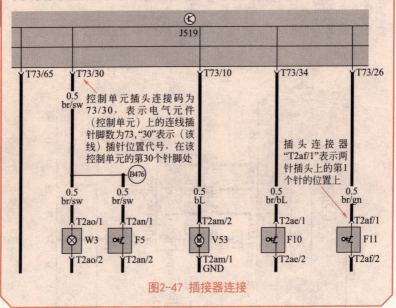

图2-47 插接器连接

## 第三节 分析单一的电路图

### 一、照明电路

迈腾前大灯电路图分析见图2-48、图2-49。

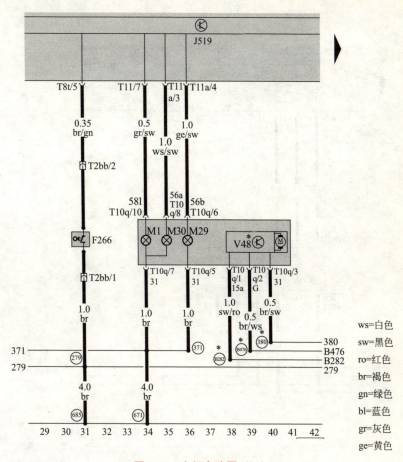

图2-48 大灯电路图（一）

F266—发动机舱盖接触开关；J519—车载电网控制单元；M1—左侧停车灯灯泡；M29—左侧近光灯灯泡；M30—左侧远光灯灯泡；T2bb—2芯黑色插头连接，大灯右后侧；T8t—8芯黑色插头连接；T10q—10芯黑色插头连接；T11—11芯黑色插头连接；T11a—11芯棕色插头连接；V48—左侧照明距离调整伺服电机；279—接地连接5，车内线束中；371—接地连接6，在主线束中；380—接地连接15，在主线束中；671—接地点1，在前纵梁上；685—接地点1，右前纵梁上；B282—正极连接6（15a），在主线束中；B476—连接12，在主线束中；*—仅适用于带照明距离调节装置的汽车

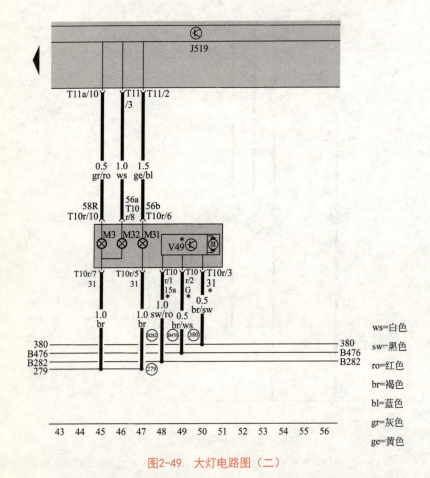

图2-49 大灯电路图（二）

J519—车载电网控制单元；M3—右侧停车灯灯泡；M31—右侧近光灯灯泡；M32—右侧远光灯灯泡；T10r—10芯黑色插头连接；T11—11芯黑色插头连接；T11a—11芯棕色插头连接；V49—右侧照明距离调整伺服电机；279—接地连接5，车内线束中；380—接地连接15，在主线束中；B282—正极连接6（15a），在主线束中；B476—连接12，在主线束中；*—仅适用于带照明距离调节装置的汽车

（1）左侧停车灯电路　J519车载电控单元→T11/7→T10q/10→左侧停车灯灯泡M1→T10q/7→左前纵梁上接地点1搭铁。

（2）左侧远光灯电路　J519车载电控单元→T11a/3→T10q/8→左侧远光灯灯泡M30→T10q/7→左前纵梁上接地点1搭铁。

（3）左侧近光灯电路　J519车载电控单元→T11a/4→T10q/6→左侧近光灯灯泡M29→T10q/5→左前纵梁上接地点1搭铁。

（4）右侧停车灯电路　J519车载电控单元→T11a/10→T10r/10→右侧停车灯灯泡M3→T10r/7→右前纵梁上接地点1搭铁。

（5）右侧远光灯电路　J519车载电控单元→T11/3→T10r/8→右侧远光灯灯泡M32→T10r/7→右前纵梁上接地点1搭铁。

（6）右侧近光灯电路　J519车载电控单元→T11/2→T10r/6→右侧近光灯灯泡M31→T10r/5→右前纵梁上接地点1搭铁。

## 二、启动和充电电路

### 1 启动系统电路组成

启动电路包括蓄电池、点火开关、J519（车载电网控制单元）、保险丝（SB30）、J682（接线端50供电器）、J329（总线端15供电器）、启动机等。

### 2 点火开关

例如迈腾轿车，将ID发生器（点火钥匙）插入到预锁位置。发动机运转，点火钥匙退回到15号线位置。关闭发动机，压下点火钥匙后将手放开，点火钥匙将被弹回到取出位置。

### 3 启动机

启动机是用来启动发动机的，当点火开关处于启动位置时，继电器接通启动机主电路，此时启动机工作。启动机由直流电动机、传动结构和控制部分组成，其中控制部分也就是电磁开关上有三个端子，一个直接接蓄电池正极（端子30），一个接启动继电器的开关触点（端子50），最后一个接直流电动机电刷（端子C），启动机壳体接地。

### 4 启动系统工作原理

例如新迈腾轿车，将ID发生器（点火钥匙）插到启动位置，车载电网控制单元接收到启动信号的同时确认离合器位置（手动变速器）、变速杆位置（自动变速器）、蓄电池电压等信号是否在相应位置，若在相应位置，车载电网控制单元控制J682（接线端50供电器）、J329（总线端15供电器）给启动机供电使启动机工作，从而启动发动机。

> **小贴士**
>
> 　　新迈腾配有两把智能钥匙，一把主钥匙，一把副钥匙。只需要把车钥匙放在包里或则衣服口袋里面，就可以轻松地实现车门的开启，走到车周围1.5m的感应范围，直接用手拉门把手，让门把手感应到的手的触摸，就可以轻松的开启车门了，并且只是主驾驶的车门可以打开，其他的车门是打不开的，这也是为了车的安全和车上人员的安全。
>
> 　　当坐到车内的时候，也无需把车钥匙拿出来，只要踩住刹车，轻按一下启动键，就可以实现车辆启动，同样的再按一次启动键，就可以让汽车熄火。也可以把钥匙直接按入钥匙孔里面，实现车辆启动。
>
>
>
> 新迈腾在原有无钥匙启动的基础上加入了一键启动功能金属质感的按键十分精致

## 5 电路走向分析

### 维修图解

如图2-50所示迈腾启动系统电路分析：

蓄电池→20→7→SB30→4→27→J329（总线端15供电继电器），在J519（车载电网控制单元）的控制下，使T2cq/2和T2cq/1（T2cq/2芯黑色插头连接器）接通→J682（接线端50供电继电器），在J519（车载电网控制单元）的控制下，使2/30和8/87接通→启动机50号线（T1v1芯黑色插头连接器）→启动机吸合线圈→蓄电池的电压通过启动机30号线端子给启动机电枢供电→壳体搭铁→启动机工作→发动机启动。

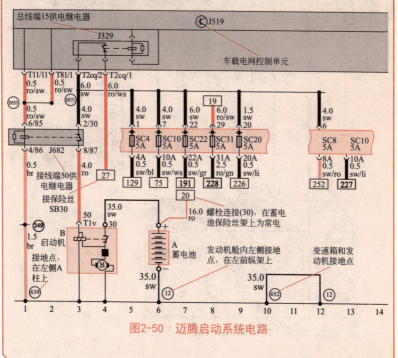

图2-50 迈腾启动系统电路

## 维修图解

如图2-51所示北京现代悦动汽车充电系统电路分析如下。

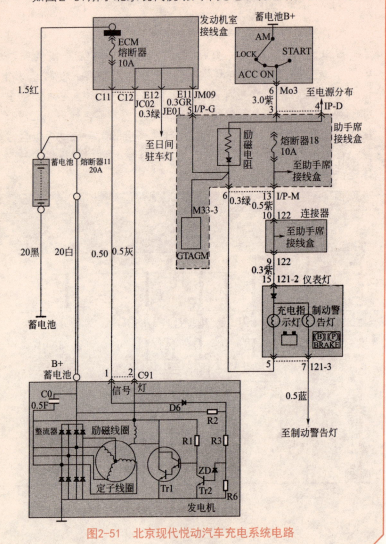

图2-51 北京现代悦动汽车充电系统电路

(1)励磁线圈电路。

蓄电池B+→点火开关→励磁电阻→发动机室接线盒JM09端子→发动机室接线盒连接器JC02的C12端子→发电机连接器C91上2号端子→励磁线圈→电压调节器Trl→发电机接地。

(2)蓄电池充电电路。

发电机蓄电池B+→熔断器11(20A)→蓄电池→蓄电池接地→发电机接地。

(3)发电机电压调节器电路。

1)电压调节器电源电路:蓄电池正极→ECM熔断器10A→发动机室接线盒接器JC02的C11端子→发电机连接器C91上1号端子→电压调节器。

2)充电指示灯电路:蓄电池B+→点火开关→助手席接线盒熔断器18(10A)→连接器122端子10→连接器122端子9→连接器I/P-M的端子6→仪表灯充电指示灯→发动机室接线盒JM09端子→发动机室接线盒C12号端子→发电机连接器C91上2号端子→电压调节器→发电机接地。

## 三、冷却系统电路

举例分析君威轿车冷却系统电路:君威轿车散热冷却风扇由两个电子扇组成,风扇的运转由动力系统控制模块(PCM)控制。

### 维修图解

如图2-52所示君威轿车冷却系统电路分析如下。

(1)风扇低速电路分析如下。

1)控制电路:动力系统控制模块(PCM)控制散热风扇低速运转时,其C1-6脚为低电平,为继电器12线圈提供接地回路,控

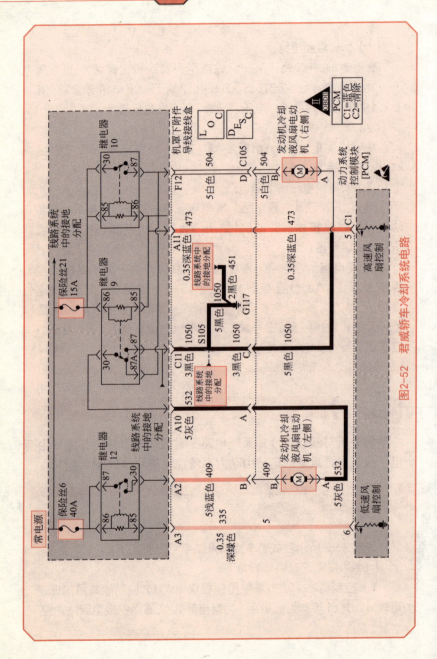

图2-52 君威轿车冷却系统电路

制电路为常电源→机罩下附件导线接线盒内40A保险丝6→机罩下附件导线接线盒内继电器12线圈→发动机控制模块的C1-6脚。当C1-6脚输出低电平信号时,继电器12线圈得电,其触点闭合。

2)主电路:常电源→机罩下附件导线接线盒内继电器12触点→发动机冷却液风扇电动机(左侧)→机罩下附件导线接线盒A10脚→继电器9常闭触点(30-87A)→机罩下附件导线接线盒F12脚→发动机冷却液风扇电动机(右侧)→结点S105→G117搭铁。此时,左、右两个风扇串联,每个风扇的工作电压为供电电压的一半,两个风扇同时低速运转。

(2)风扇高速电路分析如下。

动力系统控制模块(PCM)控制散热风扇高速运转时,其C1-6脚、C1-5脚均为低电平,为继电器9、10、12线圈提供接地回路。

1)左侧风扇电路。

第一级控制电路:常电源→机罩下附件导线接线盒内40A保险丝6→机罩下附件导线接线盒内继电器12线圈→发动机控制模块的C1-6脚。此时继电器12线圈得电,其触点闭合。

第二级控制电路:常电源→机罩下附件导线接线盒内15A保险丝21→机罩下附件导线接线盒内继电器9线圈→发动机控制模块的C1-5脚。此时继电器9线圈得电,其常开触点闭合,常闭触点断开(即30-87接通,30-87A断开)。

主电路:常电源→机罩下附件导线接线盒内继电器12触点→发动机冷却液风扇电动机(左侧)3机罩下附件导线接线盒A10脚→继电器9常开触点(30-87)→机罩下附件导线接线盒C11脚→结点S105→G117搭铁。此时左侧风扇运转。

2)右侧风扇电路。

控制电路:常电源→机罩下附件导线接线盒内15A保险丝21→机罩下附件导线接线盒内继电器10线圈→发动机控制模块的C1-5脚。此时继电器10线圈得电,其触点闭合。

主电路：常电源→机罩下附件导线接线盒内继电器10触点→发动机冷却液风扇电动机（右侧）→结点S105-G117搭铁。此时，右侧风扇运转。

因左、右并联，每个风扇都有单独的接地通路，所以风扇高速运转。

## 四、雨刮电路

### 1 别克凯越无雨量传感器的刮水系统

（1）系统控制和动作。

通过刮水器/洗涤器开关可以实现刮水器的高速、低速或间歇动作，刮水器关闭和洗涤功能外，在刮水器/洗涤器开关关闭时，还可以实现刮水片的自动复位功能。通过间歇开关还可以实现刮水器动作时间间隔的调节。当风窗刮水系统处于工作状态，且自动空调系统处于自动控制时，自动空调系统能够自动切换至除雾模式。

（2）电路图分析见图2-53。

**维修图解**

（1）刮水器的高速控制和电路走向。

刮水器/洗涤器开关切换至高速位置时，即可实现刮水器的高速动作。

刮水器的高速控制电路为：15号线→连接器C201的30号端子→熔丝F16→连接器C201的1号端子→刮水器/洗涤器开关的A8号端子→刮水器/洗涤器开关的A9号端子→连接器C202的67号端子→刮水器电动机的5号端子→刮水器电动机→刮水器电动机的3号端子→搭铁点G303。

第二章 初步入门知识

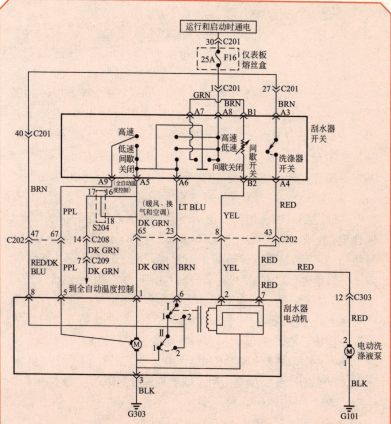

图2-53 无雨量传感器的风窗刮水系统及洗涤系统控制电路

（2）刮水器的低速控制和电路走向。

刮水器/洗涤器开关切换至低速位置时，即可实现刮水器的低速动作。

刮水器的低速控制电路为：15号线→连接器C201的30号端子→熔丝F16→连接器C201的1号端子→刮水器/洗涤器开关的A8号端子→刮水器/洗涤器开关的A5号端子→连接器C202的65号端子→刮水器电动机的1号端子→刮水器电动机→刮水器电动机的3号端子→搭铁点G03。

(3)刮水器的间歇动作控制和电路走向。

刮水器/洗涤器开关切换至间歇位置时,即可实现刮水器的间歇动作。

刮水器的间歇动作控制电路为:15号线→连接器C201的30号端子→熔丝F16→连接器C201的1号端子→刮水器/洗涤器开关的A8号端子→刮水器/洗涤器开关的A7号端子→刮水器/洗涤器开关的B1号端子→间歇开关→刮水器/洗涤器开关的B2号端子→连接器C202的8号端子→刮水器电动机的2号端子→间歇控制器→刮水器电动机的3号端子→搭铁点G303。

间歇控制器通电动作,使刮水器电动机内的开关Ⅰ从位置1切换至位置2,刮水器电动机开始间歇动作。其控制电路为:15号线→连接器C201的30号端子→溶丝F16→连接器C201的40号端子→连接器C202的47号端子→刮水器电动机的8号端子→开关Ⅰ的2号端子→刮水器电动机的6号端子→连接器C202的23号端子→刮水器/洗涤器开关的A6号端子→刮水器/洗涤器开关的A5号端子→连接器C202的65号端子→刮水器电动机的1号端子→刮水器电动机→刮水器电动机的3号端子→搭铁点G03。

当改变间歇开关的电阻时,间歇控制器可以改变刮水器动作的时间间隔。

(4)刮水片自动复位的控制和电路走向。

刮水器/洗涤器开关切换至关闭位置时,如果刮水片没有复位,则刮水器电动机内的开关Ⅱ从位置1切换至位置2。刮水器电动机将继续动作,直至刮水片复位。

此时刮水器电动机的控制电路为:15号线→连接器C201的30号端子→熔丝F16→连接器C201的40号端子→连接器C202的47号端子→刮水器电动机的8号端子→开关Ⅱ的2号端子→开关Ⅰ的1号端子→刮水器电动机的6号端子→连接器C202的23号端子→刮水器/洗涤器开关的A6号端子→刮水器/洗涤器开关的A5号

端子→连接器C202的65号端子→刮水器电动机的1号端子→刮水器电动机→刮水器电动机的3号端子→搭铁点G303。

（5）电动洗涤液泵的控制和电路走向。

刮水器/洗涤器开关切换至洗涤位置时，电动洗涤液泵动作，同时刮水器动作。

电动洗涤液泵的控制电路为：15号线→连接器C201的30号端子→熔丝F16→连接器C201的27号端子→刮水器/洗涤器开关的A3号端子→刮水器/洗涤器开关的A4号端子→连接器C202的43号端子→连接器C303的12号端子→电动洗涤液泵→搭铁点G101。

电动洗涤液泵动作的同时，刮水器电动机内的间歇控制器通电动作。

（6）自动空调除雾模式的控制和电路走向。

在自动空调系统处于"AUTO"模式，且自动空调系统控制器接收到刮水信号1min后，自动空调系统控制器即自动切换至除雾模式（空调压缩机工作，空气循环处于外循环状态）。

此时刮水信号电路为：15号线→连接器C201的30号端子→熔丝F16→连接器C201的40号端子→连接器C202的47号端子→刮水电动机的8号端子→开关Ⅱ的2号端子→开关Ⅰ的1号端子→刮水电动机的6号端子→连接器C202的23号端子→刮水器/洗涤器开关的A6号端子→刮水器/洗涤器开关的A5号端子→连接器C208的14号端子→连接器C209的7号端子→自动空调系统控制面板的B7号端子。

由于刮水器的动作，使开关Ⅱ有规律地在位置1与2之间切换。刮水信号电压也在0V与12V之间有规律地变化。

在刮水器停止动作20s后，自动空调系统回到原来状态。

(7) 刮水系统的检修。

风窗刮水系统不工作检查如下。

1) 熔丝F16是否熔断。

2) 刮水器/洗涤器开关的A8号端子与电源间的电路是否有故障。检查方法：用一端搭铁良好的测试灯，另一端接到刮水器/洗涤器开关的A8号端子，点火开关转至接通位置时，测试灯若不亮，则此电路有故障（包括断路、电路中电阻过大、接触不良或对搭铁短路）。

3) 刮水器/洗涤器开关是否有故障。检查方法：把刮水器/洗涤器开关置于高速位置，用一端搭铁良好的测试灯，另一端接到刮水器/洗涤器开关A9号端子，点火开关转至接通位置时，测试灯若不亮，则刮水器/洗涤器开关有故障。

4) 刮水器电动机是否有故障。检查方法：脱开刮水器电动机导线侧连接器，将测试灯一端接到刮水器电动机导线侧连接器的5号端子，另一端接到刮水器电动机导线侧连接器的3号端子。把点火开关转至接通位置时，若测试灯亮，则刮水器电动机有故障。

5) 刮水器电动机的3号端子与搭铁间电路是否有故障。检查方法：断开刮水器电动机导线侧连接器，用一端接蓄电池正极的测试灯，另一端接到刮水器电动机导线侧连接器的3号端子，若测试灯不亮，则此电路有故障。

风窗刮水系统无高速挡检查如下。

刮水器/洗涤器开关的A9号端子与刮水器电动机的5号端子之间电路是否有故障。检查方法：用一端搭铁良好的测试灯，另一端接至刮水器电动机的5号端子。当点火开关接通，且把刮水器/洗涤器开关置于高速位置时，如果测试灯不亮，则检查断路、电路中电阻过大、接触不良或对搭铁短路。

风窗刮水系统无低速挡检查如下。

1) 刮水器/洗涤器开关是否有故障。检查方法：用一端搭铁良好的测试灯，另一端接至刮水器/洗涤器开关的A5号端子，当点火开关接通时，若测试灯不亮，则刮水器/洗涤器开关有故障。

2) 刮水器/洗涤器开关的A5号端子与刮水器电动机的1号端

子之间电路是否有故障。检查方法：用一端搭铁良好的测试灯，另一端接至刮水器电动机的1号端子，当点火开关接通，且刮水器/洗涤器开关置于低速位置时，若测试灯不亮，则此电路有故障（包括断路、电路中电阻过大、接触不良或对搭铁短路）。

3）刮水器电动机是否有故障。检查方法：断开刮水器电动机导线侧连接器，将测试灯一端接到刮水器电动机导线侧连接器的1号端子，另一端接到刮水器电动机导线侧连接器的3号端子。点火开关转至接通位置时，若测试灯亮，则刮水器电动机有故障。

风窗刮水系统无间歇挡检查如下。

1）刮水器/洗涤器开关是否有故障。

2）刮水器/洗涤器开关的A7号端子与B1号（B2号）端子间电路是否有故障。

3）刮水器/洗涤器开关的B2号（B1号）端子与刮水器电动机的2号端子间电路是否有故障。

4）熔丝F16与刮水器电动机8号端子间电路是否有故障。

5）刮水器电动机是否有故障。

## 2 别克凯越有雨量传感器的风窗刮水系统

（1）系统控制和动作。

凯越有雨量传感器的风窗刮水系统除常规风窗刮水系统及洗涤系统的组成和功能外，刮水器电动机内间歇控制器由原来的1个增加为2个，刮水器/洗涤器开关的间歇位置由自动位置取代，刮水器/洗涤器开关内的间歇开关改为雨量传感器开关，并配置了雨量传感器。雨量传感器安装在风窗玻璃内侧，紧靠后视镜位置。雨量传感器能产生红外线，并以45°角照射到风窗玻璃上。若风窗玻璃干燥，则被反射回的红外线较多。若风窗玻璃上有水，则被反射回的红外线较少。风窗玻璃反射回的红外线随风窗玻璃上水的多少而相应变化，雨量传感器就是根据风窗玻璃反射回的红外线的多少来感知雨量大小的。当刮水器/洗涤器开关置于"AUTO"位置时，刮水器能根据雨量传感器感知的雨量大小自动改变动作速度的快慢，其控制电路如图2-54所示。

(2)电路分析见图2-54。

## 维修图解

(1)刮水器/洗涤器开关置于"AUTO"位置时,雨量传感器的控制电路如下。

15号线→连接器C201的30号端子→熔丝F16→连接器C201的1号端子→刮水器/洗涤器开关的A8号端子→刮水器/洗涤器开关的A7号端子→刮水器/洗涤器开关的B1号端子→雨量传感器开关→刮水器/洗涤器开关的B2号端子→连接器C202的8号端子→连接器C204的8号端子→雨量传感器的5号端子→雨量传感器。

雨量传感器的5号端子上有电压时便处于工作状态。当改变雨量传感器开关的位置时,雨量传感器5号端子的电压也相应变化。而雨量传感器根据其5号端子电压的高低,在相同雨量时,控制刮水器动作速度也相应变化。

(2)雨量小时,雨量传感器通过控制刮水器电动机6号端子的电压(0V或12V)来控制间歇控制器A的间歇时间。当间歇控制器A工作时,开关Ⅰ从位置1切换至2,刮水器以较慢的速度工作。

此时刮水器控制电路为:15号线→连接器C201的30号端子→熔丝F16→连接器C201的40号端子→连接器C202的47号端子→刮水器电动机的8号端子→开关Ⅰ的2号端子→刮水器电动机的2号端子→连接器C202的23号端子→刮水器/洗涤器开关的A6号端子→刮水器/洗涤器开关的A5号端子→连接器C202的65号端子→刮水器电动机的1号端子→开关Ⅱ的2号端子→刮水器电动机→刮水器电动机的3号端子→搭铁点G303。

(3)雨量大时,间歇控制器A工作的同时,雨量传感器通过控制刮水器电动机的7号端子的电压(0V或12V)来控制间歇控制器B的间歇时间。当间歇控制器B工作时,开关Ⅱ从位置2切换至1,刮水器以较快的速度工作。

此时刮水器控制电路为:15号线→连接器C201的30号端子→

熔丝F16→连接器C201的40号端子→连接器C202的47号端子→刮水器电动机的8号端子→开关Ⅰ的2号端子→刮水器电动机的2号端子→连接器C202的23号端子→刮水器/洗涤器开关的A6号端子→刮水器/洗涤器开关的A5号端子→连接器C202的65号端子→刮水器电动机的1号端子→开关Ⅱ的1号端子→刮水器电动机→刮水器电动机的3号端子→搭铁点G303。

雨量传感器的7号端子用来反馈刮水器动作的快慢。

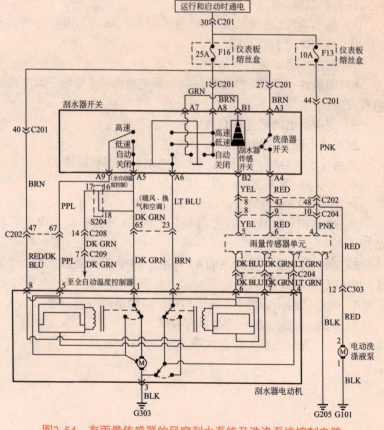

图2-54 有雨量传感器的风窗刮水系统及洗涤系统控制电路

(3)刮水器的检修。

风窗刮水系统无自动挡检查如下。

1)熔丝F16是否熔断。

2)插头C201的30号端子与雨量传感器的4号端子间电路是否有故障。

3)雨量传感器的3号端子与搭铁间电路是否有故障。

4)刮水器/洗涤器开关是否有故障。

5)刮水器/洗涤器开关的A7号端子与B1号(B2号)端子间电路是否有故障。

6)刮水器/洗涤器开关的B2号(B1号)端子与雨量传感器的5号端子间电路是否有故障。

7)雨量传感器是否有故障。

8)雨量传感器的1号端子与刮水器电动机的6号端子间电路是否有故障。

9)刮水器电动机是否有故障。

刮水片不能复位检查如下。

刮水片不能复位,应检查刮水器电动机是否有故障。

电动洗涤液泵不工作检查如下。

1)熔丝F13是否熔断。

2)熔丝F16与刮水器/洗涤器开关的A3号端子间电路是否有故障。

3)刮水器/洗涤器开关的A4号端子与电动洗涤液泵的2号端子间电路是否有故障。

4)电动洗涤液泵的1号端子与搭铁间电路是否有故障。

5)刮水器/洗涤器开关是否有故障。

6)电动洗涤液泵是否有故障。

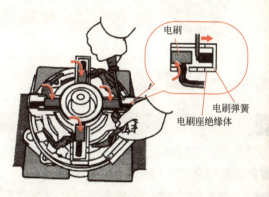

# 《第三章》
## 基本的入门应用

# CHAPTER 3

# 第一节 启动机维修和测量

 一、发动机启动过程

### 1 启动机的作用

利用启动机将蓄电池的电能转换为机械能,再通过传动机构将发动机拖转启动。

### 2 启动机组成

启动机由直流电动机、传动机构(啮合机构)和操纵机构(电磁开关)三部分组成,具体部件见图3-1。

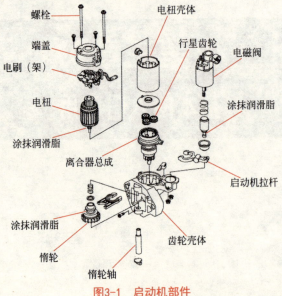

图3-1 启动机部件

## 维修图解

发动机启动过程。

从蓄电池正极接线柱出发的一根导线经过点火线圈,接在磁力开关的S端。这个导线是用来操纵磁力开关的。点火开关接通和切断电路,并控制磁力开关的动作。一根导线直接连接在磁力开关的B端。导线具有优良的导电性能,因为将有强电流流过,以便使电机转起来。另一根导电性良好的导线连接在电机磁力开关的M端。电机内部换向器的触点接通B端和M端以后,电流就从蓄电池流向电机,电机开始转动。发动机启动示意图见图3-2。

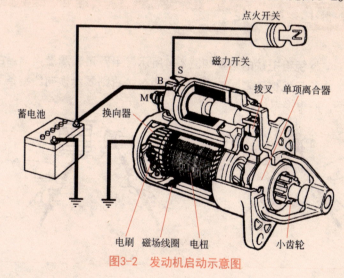

图3-2 发动机启动示意图

 二、启动机的检测

### 1 电枢绕组检查和测量

启动机电枢由周围缠绕了电枢线圈的电枢铁芯组成,产生转动力而且旋转。电枢见图3-3。

图3-3 电枢

电枢绕组检修：常见的故障是短路、断路或换向器铜片脱落。

**维修图解**

电枢绕组搭铁的检查如图3-4所示，用万用表测量换向器的每个铜条与电枢轴之间的电阻，应为∞，否则表示换向器铜条有短路，应更换电枢。

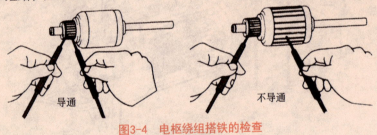

导通　　　　　　　　　　不导通

图3-4 电枢绕组搭铁的检查

## ② 励磁绕组的检查和测量

励磁绕组也就是磁场线圈或者磁场绕组，也叫定子绕组，能够产生磁场。

励磁绕组的常见故障有接头脱焊、断路或搭铁。用万用表测量励磁绕组是否导通，如果导通则说明线圈没断路。

## 维修图解

（1）磁场绕组断路检测　如图3-5所示，用万用表测量磁场绕组的正极端与电刷之间的电阻，应为0，否则，说明磁场绕组断路，只能更换。

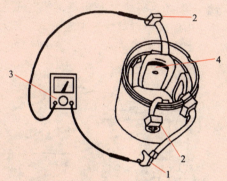

图3-5　磁场绕组断路检测

1—绕组正极端；2—电刷；3—万用表；4—磁场绕组

（2）磁场绕组对壳体短路的检测　如图3-6所示，用万用表检查磁场绕组的正极端与定子壳体之间的电阻，应为∞，否则，表示磁场绕组与壳体短路，只能更换。

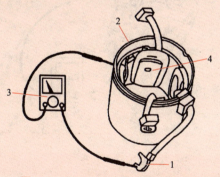

图3-6　磁场绕组对壳体短路的检测

1—绕组正极端；2—定子壳体；3—万用表；4—磁场绕组

### 3 电刷与电刷架的检查和测量

**维修图解**

检查电刷的高度,一般不应低于标准的2/3,电刷的接触面积不应小于75%,例如,轩逸轿车电刷磨损长度为10.5mm,如图3-7所示,并且电刷在电刷架内无卡滞现象。用万用表测量同名电刷应导通,正电刷与电刷架无导通,负电刷与电刷架应导通,如图3-8所示。电刷弹簧应无拆断、变软现象,否则应更换。

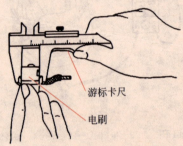

图3-7 电刷长度检查

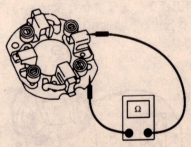

图3-8 电刷与电刷座的检查

### 4 单向离合器检查

单向离合器切断与发动机旋转运动间的联系保护电机由于发动机高速运动而造成的毁坏。

## 维修图解

检查其单向性(图3-9),一个方向可以转动,另一方向用25N力检查其是否可以转动,如果无法转动,则单向离合器良好。如果在两个方向上都可锁止或转动,或者有明显的异常阻力,请更换。检查齿轮是否掉齿或磨损,否则应更换。检查小齿轮齿形,如果轮齿磨损或损坏,请更换小齿轮。

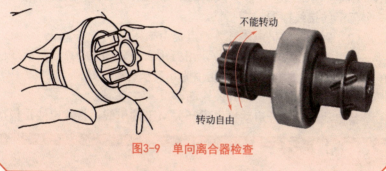

图3-9 单向离合器检查

### 5 电磁开关检查和检测

(1)电磁开关的接线柱识别。

3接线柱:如图3-10所示,电磁开关绝缘盖上有3个接线柱,分别是B(或30)接线柱、M(或C)接线柱和S(或50)启动接线柱。

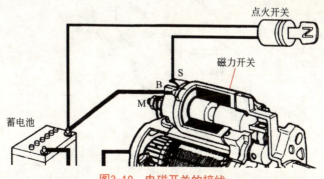

图3-10 电磁开关的接线

4接线柱：有的电磁开关绝缘盖上有4个接线柱，分别是B接线柱、M接线柱、S启动接线柱和R点火接线柱。

接线柱B和接线柱M通常是8mm或10mm粗铜质螺栓，有接线片的为接线柱M，是串联电动机励磁绕组供电端接线柱；剩下的一根是接线柱B，为蓄电池的火线接线柱。启动接线柱S和点火接线柱R通常是4mm或5mm粗铁质螺栓，有接线片的是启动接线柱S，上面的电线通往启动继电器；剩下的一个接线柱是点火接线柱R，上面接的电线通往点火线圈的附加电阻。电磁开关的外壳也是一个无形的接线柱31，即搭铁。

（2）判断启动机电磁开关触点是否损坏。

用手将活动铁芯推入到位，用万用表电阻挡RX1Ω挡测接线柱B与M、B与R的电阻值，电阻值为0表示触点良好。

（3）检测启动机电磁开关线圈。

蓄电池法：断开启动机电磁开关M上的引线，将蓄电池正极接

**维修图解**

万用表检测启动机电磁开关吸引线圈，如图3-11所示，用万用表电阻挡RX1Ω挡测接线柱S与M的电阻值，应有一定数值。

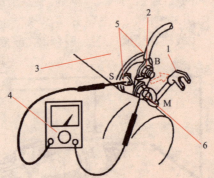

图3-11　检测启动机电磁开关吸引线圈

1—绕组正极端；2—主接线柱30端子；3—电磁开关；4—万用表；5—电磁开关接线柱50端子；6—磁场绕组接线

接线柱S，蓄电池负极接接线柱M与壳体，单向器齿轮应移出，否则说明电磁开关吸引线圈损坏。

（4）检测启动机电磁开关保持线圈。

蓄电池法：若前项检测单向器齿轮可以移出，则断开电磁开关M端接蓄电池负极的导线，单向器齿轮应仍停留在外侧。若齿轮退回，则说明电磁开关保持线圈已损坏。

## 维修图解

万用表检测启动机电磁开关保持线圈，如图3-12所示，用万用表电阻挡RX1Ω挡测S与外壳之间的电阻值，应有一定电阻值。

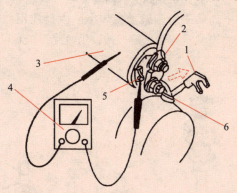

图3-12　检测启动机电磁开关保持线圈

1—绕组正极端；2—主接线柱30端子；3—电磁开关；
4—万用表；5—电磁开关接线柱50端子；6—磁场绕组接线

（5）检查启动机电磁开关回位弹簧。

在上述检测的基础上，再断开壳体接蓄电池负极的导线，正常情况下，当断开蓄电池的负极后，单向器齿轮应迅速退回。若齿轮不能退回，则可认定为电磁开关回位弹簧已经损坏。

（6）电磁开关安装时的注意事项。

当电磁开关的固定螺栓丢失后配新调整时，要注意螺栓的长度,小心过长而顶破线圈骨架(有的型号电磁开关不会发生此故障),引起搭铁。紧固螺栓时最好配弹簧垫圈。

## 三、启动机组装

### 1 安装启动机单向离合器总成

**维修图解**

(1)安装前,在启动机单向离合器花键上涂一些润滑脂,如图3-13所示,将启动机单向离合器安装到电枢轴上。

(2)将止动环安装到轴上,较小的内径应指向下方,如图3-14所示,将卡环对齐轴上的凹槽,用台虎钳拧紧,将其固定在轴上。

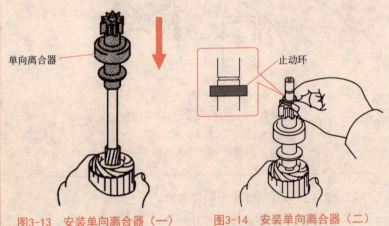

图3-13 安装单向离合器(一)　　图3-14 安装单向离合器(二)

(3)如图3-15所示,抬起启动机单向离合器,将其保持在该位置,然后用塑料锤敲打电枢轴,将卡环装入止动环中。

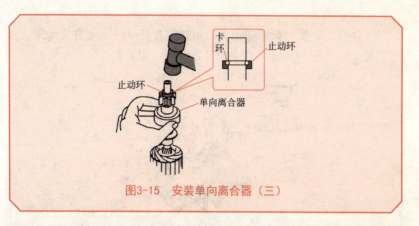

图3-15 安装单向离合器(三)

## 2 安装启动机电刷弹簧

**维修图解**

(1)将启动机电枢总成安装在启动机定子总成上。

(2)用台虎钳固定住夹在两块铝板或者布之间的电枢轴,安装电刷座绝缘体。将弹簧安装在电刷座绝缘体上。

(3)如图3-16所示,压住弹簧,同时将电刷装到电刷座绝缘体上。

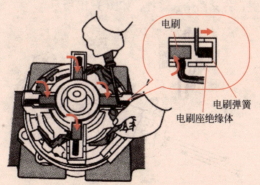

图3-16 将电刷装到电刷座绝缘体上

# 汽车电工入门 全程图解

注意：不要让弹簧弹出来，用螺钉旋具可以比较方便地压住弹簧。如图3-17所示，用手指按住卡销，安装卡销板。

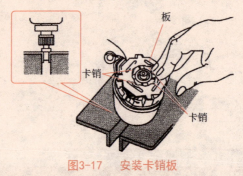

图3-17　安装卡销板

## 3 安装启动机定子总成

**维修图解**

在拨叉和启动机单向离合器互相接触的部位涂一些润滑脂。将拨叉放到电枢轴的相应部位，并注意拨叉的正反位置。将换向器端盖和定子总成安装到启动机的驱动端盖上，并注意定子总成的安装位置，拧紧两个长螺栓，如图3-18所示。

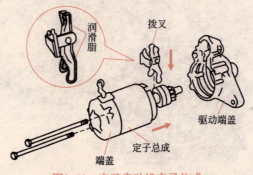

图3-18　安装启动机定子总成

## 四、启动机维修案例

**维修图解 1**

捷达车启动机不转故障

（1）故障现象：自动挡捷达轿车在启动发动机时，启动机不转。

（2）故障检查：检查发现，启动机不转且听不到启动锁止和倒车灯继电器锁止继电器（J226）吸合的声音。根据捷达轿车启动控制电路图（图3-19），启动前，检测J226的端子7，搭铁正常；端子2有12V电压，正常。启动时，检测J226的端子6，有12V

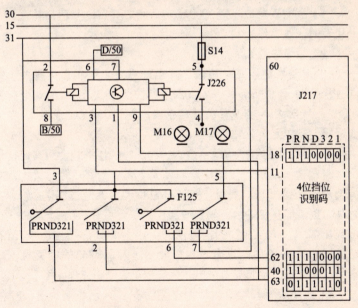

图3-19 捷达轿车启动控制电路

B/50—启动机50接柱；D/50—点火开关50接柱；F125—多功能开关；J217—自动变速器ECU；J226—启动锁止和倒车灯继电器；M16,M17—倒车灯；S14—熔丝

电压，正常；端子8为0V，不正常。这说明启动锁止继电器确实没有吸合。

（3）故障点确定：J226不吸合的原因有2个，一是J226的端子1、端子3或端子9没有接收到正确的挡位识别信号，但在本案例中，挡位识别相符，说明这点可以排除。那么只有J226已损坏导致的启动机不转动。

## 维修图解 2

迈腾1.8T车启动机有时无法工作

（1）故障现象：一辆2009年产迈腾1.8T自动变速器轿车，启动机有时无法工作。

（2）故障检查如下：

1）启动系统组成：迈腾1.8T启动系统主要由点火开关、转向柱控制单元（J527）、车载电网控制单元（J519）、启动继电器（J682）、启动机、变速杆位置传感器、网关（含CAN总线）、自动变速器控制单元（J743）等组成。

2）启动系统工作原理：插入钥匙后，防盗系统会对其进行认证，若通过了认证，转向柱控制单元（J527）解开转向锁止，并将信息传递给J519。同时，变速杆位置传感器通过CAN驱动系统总线将挡位信息传输给自动变速器控制单元，只有在变速杆处于P位或N位时，P位或N位的挡位信号会由J743处理后传递给J519。在接通点火开关后，只有J519接收到J527和J743的相关息，才会给启动继电器（J682）供电，从而控制启动机工作（图3-20）。

3）故障分析和检查：根据电路图3-21所示直接短接J682的端子30和端子87，此时启动机能正常运转；在启动机正常工作时，测量J682的端子85与搭铁间的电压为0V，而正常应为12V，检查了J682的端子85与J519的端子T11/11之间的线路正常，检

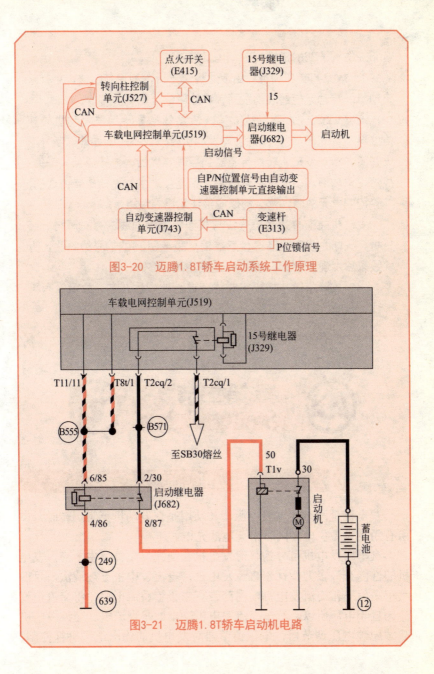

图3-20 迈腾1.8T轿车启动系统工作原理

图3-21 迈腾1.8T轿车启动机电路

查J682的端子86的搭铁情况,也正常。

4)故障判断和确定:由上述检查分析,利用排除法,可排除启动机及启动继电器之间线路存在故障的可能性。

连接VAS5052,读取故障码,故障信息显示为"发动机转速传感器不可靠信号",同时发现发动机转速表不规则摆动。断开点火开关,断开发动机转速传感器的导线连接器,再接通点火开关,故障现象依旧。由此可见,故障并不是发动机转速传感器造成的,排除控制单元故障,那么问题应该还是出在线路上。

发动机转速传感器信号线与其他传感器的线路存在短路。经分析,判断是发动机转速传感器信号线与G188的信号线短路,拆检线束后发现2根线束的绝缘已经被磨破。

(3)故障排除:按要求对线束进行处理后试车,故障没有再出现,至此故障彻底排除。

## 第二节 发电机维修和检测

### 一、发电机功用

发电机是汽车的主要电源,其功用是在发动机正常运转时,向所有用电设备供电,同时给蓄电池充电。

汽车用发电机可分为直流发电机和交流发电机,由于交流发电机的性能在许多方面优于直流发电机,直流发电机已被淘汰。目前汽车采用三相交流发电机,内部带有二极管整流电路,将交流电整流为直流电,所以,汽车交流发电机输出的是直流电。交流发电机必须配装电压调节器,电压调节器对发电机的输出电压进行控制,使其保持基本恒定，以满足汽车用电器的需求。

## 二、发电机工作原理

### 1 工作原理

当外电路通过电刷使励磁绕组通电时，便产生磁场，使爪极被磁化为N极和S极。当转子旋转时，磁通交替地在定子绕组中变化，根据电磁感应原理可知，定子的三相绕组中便产生交变的感应电动势。这就是交流发电机的发电原理。

### 2 直流电输出的形成

（1）交流发电机分为定子绕组和转子绕组两部分，三相定子绕组按照彼此相差120°的角度分布在壳体上，转子绕组由两块极爪组成。当转子绕组接通直流电时即被励磁，两块极爪形成N极和S极。磁力线由N极出发，透过空气间隙进入定子铁芯再回到相邻的S极。转子一旦旋转，转子绕组就会切割磁力线，在定子绕组中产生互差120°的角度的正弦电动势，即三相交流电，再经由二极管组成的整流元件变为直流电输出。

（2）当开关闭合后，首先由蓄电池提供电流。电路为：蓄电池正极→充电指示灯→调节器触点→励磁绕阻→搭铁→蓄电池负极。此时，充电指示灯由于有电流通过，所以灯会亮。

（3）发动机启动后，随着发电机转速提高，发电机的端电压也不断升高。当发电机的输出电压与蓄电池电压相等时，发电机"B"端和"D"端的电位相等，此时，充电指示灯由于两端电位差为零而熄灭。指示发电机已经正常工作，励磁电流由发电机自己供给。发电机中三相绕阻所产生的三相交流电动势经二极管整流后，输出直流电，向负载供电，并向蓄电池充电。

## 三、发电机接线柱识别

一般发电机均有电枢、磁场、搭铁、中性点等接线柱。

### 1 电枢接线柱

电枢接线柱在交流发电机上的比较粗的接线柱,一般直径在6mm。

### 2 磁场接线柱和中性点接线柱

发电机上有2个较细,一般直径在3mm的接线柱,其中的一个螺钉根部与外壳直接接触或用导电铜片相接的为搭铁接线柱,另一个与之相邻的细接线柱则为磁场接线柱,还有一个独立的接线柱为中性点接线柱。

### 3 万用表测量识别

测量前先将交流发电机各接线柱上的导线拆下,把万用表置于"RX10"或"RX100"挡,然后把一支表棒接交流发电机外壳,另一支表棒先后接电刷架上的2个细接线柱,显示电阻值为0的为搭铁接线柱,有电阻显示的则为磁场接线柱。电枢接线柱对搭铁电阻值大,中性点接线柱对搭铁电阻值小。

#### 维修图解

交流发电机的整流端盖上设有不同的接线柱,并在相应的位置上标有不同的字母符号,其含义如下(图3-22)。

(1)"A"、"B+"或"B"(Battery,蓄电池)为电枢接线柱,向交流发电机内部与正整流板连接,向外输出电能,通过较粗的导线与蓄电池正极和启动机相连。另外,一般的电源输出线也称为"B"。

(2)"F"(Field,励磁绕组)为磁场接线柱,应用于普通交流发电机,向交流发电机内部与励磁绕组的一端相连接,向外接电压调节器的"F"接线柱。对于整体式交流发电机(内置式集成电路电压调节器)来说,励磁绕组与集成电路调节器相连的一端也称为"F"。

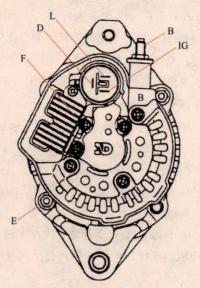

图3-22 发电机上的接线柱

（3）"N"或"P"（Neutral，中性的）为中性点接线柱，向交流发电机内部与星形绕接的中性点相连接，向外对于普通交流发电机来说，一般用来控制各种用途的继电器，如充电指示灯继电器、磁场继电器等，对于整体式交流发电机（内装集成电路式调节器），中性点（或三绕组中的一相接点）一般和集成电路调节器相连接。

（4）"L"（Light，灯，光线）为充电指示灯接柱，对于整体式交流发电机（内置式集成电路电压调节器），向内和集成电路式电压调节器相连接，通过电压调节器来控制充电指示灯的工作，向外一般通过点火开关和充电指示灯相接。

（5）"D+"为充电指示灯接线柱，标有"D+"接线柱的一般为采用三个专用磁场二极管的9管或11管的交流发电机，因而充电指示灯通过3个专用的磁场二极管进行控制，向外一般通过点火开关和充电指示灯相接。

(6)"S"接线柱。现代汽车普遍应用的大功率交流发电机中常采用"S"端子,其作用为蓄电池电压检测线,向内与集成电路电压调节器相接,此线一般为较粗的中间没有任何熔断装置的导线,与蓄电池的正极直接相连,用来检测交流发电机的电压高低,作用是控制电压调节器工作的基准信号。

(7)"E"(Earth搭铁,搭铁,地线)搭铁接线柱常用搭铁标志"⊥"或"E",对于普通交流发电机来说,"⊥"或"E"与交流发电机的外壳相连接,向外与电压调节器的"E"或"—"接柱相连接,目的是使交流发电机与电压调节器之间形成良好的搭铁回路,保障充电系统正常工作。

(8)"IG"(Ignition,点火)接线柱为点火线,一般通过此线来控制交流发电机的工作,向外一般通过点火开关与蓄电池正极相连接。

## 四、发电机检测

### 1 检测交流发电机定子

**维修图解**

定子绕组断路的检测。

如图3-23所示,用万用表Rx1挡检测定子绕组3个接线端,两两相测,应有较小的电阻值,如果阻值为∞,说明绕组断路。如果不能修复,应更换定子绕组或定子总成。

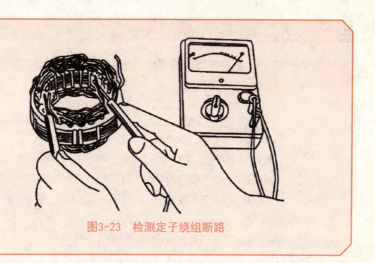

图3-23 检测定子绕组断路

### 维修图解

定子绕组搭铁检测。

如图3-24所示,用万用表电阻最大挡检测定子绕组接线端与定子铁芯间的电阻,应为∞,否则说明有搭铁故障。实际维修中应更换定子总成,不建议只更换绕组。

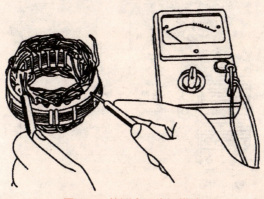

图3-24 检测定子绕组搭铁

## 2 集成电路电压调节器的检测

**维修图解**

以丰田某车型为例（图3-25），如果检测结果不符合下述要求，可以判断电压调节器已损坏。

（1）检查时，在电压调节器B、S与E端子间各接一只0～16V的可调直流电源，B与F端子间接一只12V 4W的仪表灯泡（代替充电指示灯），并在IG与B端子间接一只开关$K_1$。开关$K_1$闭合时，试灯1、2应点亮。

（2）P与E端子之间接一只6V蓄电池和一只开关$K_2$，当开关$K_2$闭合时试灯2应熄灭，当开关$K_2$断开时试灯2应点亮。

（3）调节可调直流电源1，当电压升高到15.5V以上时试灯2应熄灭，当电压下降到13.5V以下时试灯2应点亮。

（4）调节可调直流电源2，当电压下降到13.5V以下时试灯1应点亮。

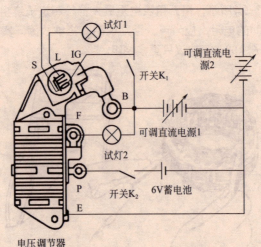

图3-25 丰田某车型集成电路电压调节器检测接线图

第三章　基本的入门应用

## 五、判断充电系统的要点

### 1 正常工况的发电机和充电系统

工况正常的发电，在打开点火开关时，发电机指示灯应亮，在发动机启动后熄灭。如果在发动机运转时充电指示灯亮，说明充电系统有故障。蓄电池的电压在13.8V左右。

**维修图解**

如果存在发电机指示灯工作闪烁或者不亮等异常情况，蓄电池电压低于12.8V或者更低或高于14.5V，就必须对充电系统进行检查。发电机电路见图3-26。

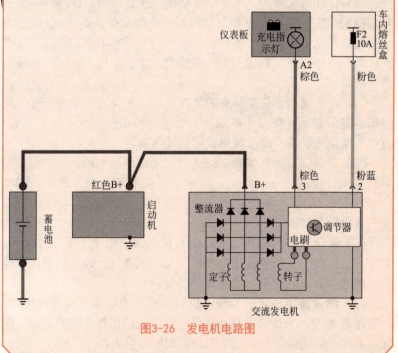

图3-26　发电机电路图

143

## 2 发电机和充电系统检查

(1) 检查发电机的传动带和导线连接状况,如果传动带存在老化、表面炭化、张紧度过松等原因,都会造成传动带打滑、发出尖叫声,使发电机丢转。如果轴承损坏,会使发电机丢转、产生运转噪声,严重时会使转子与定子发生接触摩擦,造成发电机严重发热,导致充电系统故障。

(2) 打开点火开关,不启动发动机,如果充电指示灯不亮,拔下发电机的线束插头,用试灯一端搭铁,另一端测量发电机"L"端时,如果这时能够使充电指示灯亮,可以判断发电机有故障。如果灯仍旧不亮,证明充电指示灯线路有断路或指示灯泡损坏。应按照充电系统的电路图检查充电指示灯线路以及检查仪表板内的充电指示灯泡。

(3) 打开点火开关,不启动发动机,在充电指示灯亮时,拔下发电机的线束插头,充电指示灯应熄灭,测量插头的"L"端的电压应为蓄电池电压。如果不熄灭,可以判断是充电指示灯线路有搭铁故障。应按照充电系统的电路图检查充电指示灯线路,排除线路搭铁故障。

(4) 在充电指示灯能够亮的情况下,启动发动机中速运行,充电指示灯应熄灭。如果不能熄灭,而拔下发电机插头后灯才熄灭,可以判断发动机有故障,检修或更换发电机。

(5) 在关闭点火开关时,检查并记录蓄电池电压。然后连接发电机插头,中速运行发动机,测量电压应高于启动前的压,应在13.8V左右。如果所测电压低于启动前的电压或高于14.5V,可以判断发电机故障。

(6) 测量发电机壳体与蓄电池负极之间的电压不应超过0.5V。如果超过0.5V,应检查蓄电池负极与发动机搭铁线路,确保可靠连接,清除接触点的电阻,紧固所有接头。

(7) 测量蓄电池正极与发电机输出端的电压也不应超过0.5V,如果超过0.5V,应检查蓄电池正极与发电机输出端之间的线路,确保可靠连接,清除接触点的电阻,紧固所有接头。

## 六、发电机拆解和装配

发电机拆解和装配见表3-1

表3-1 发电机拆解和装配

| 步骤 | 拆解事项 | 图示/示意图 |
|---|---|---|
| 第一步 | ① 在拆下交流发电机和调节器之前先进行测试<br>② 拆下交流发电机<br>③ 如果需要更换前轴承，用合适规格的扳手A和22mm扳手B拆下带轮锁紧螺母，如有必要，使用冲击扳手，如右图所示，扳手朝相反方向用力 | 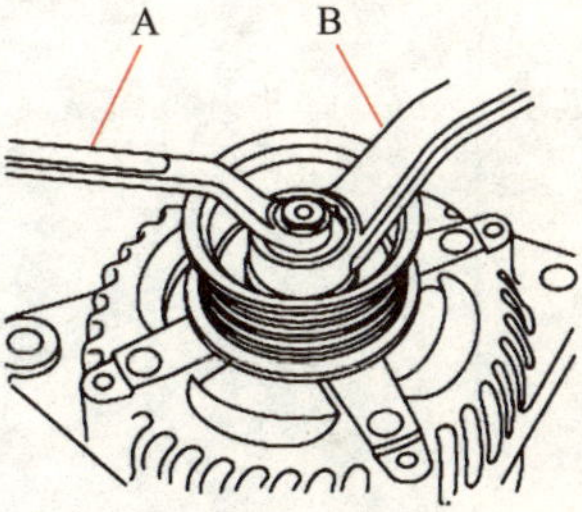 |
| 第二步 | ④ 拆下法兰螺母，如右图所示 | 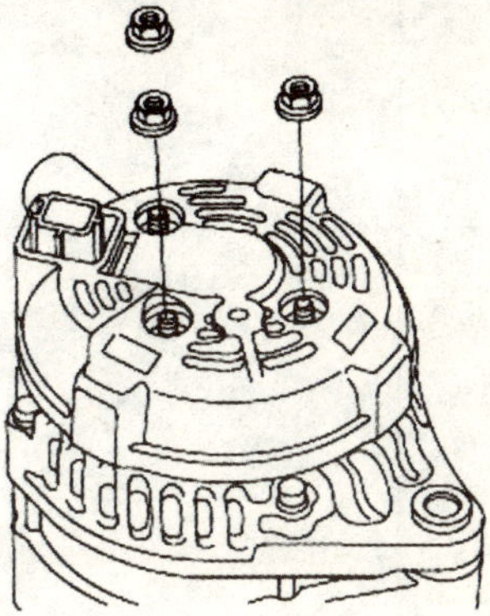 |
| 第三步 | ⑤ 拆下端盖A和端子绝缘体B | 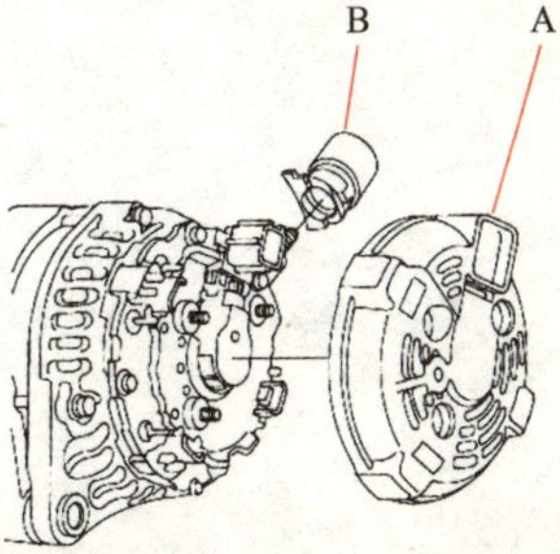 |

续表

| 步骤 | 拆解事项 | 图示/示意图 |
|---|---|---|
| 第四步 | ⑥ 拆下电刷架总成A | 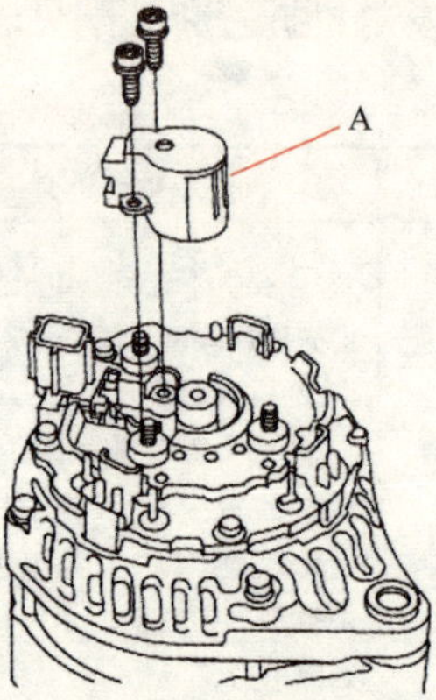 |
| 第五步 | ⑦ 拆下四个螺栓，然后拆下后壳体总成A和垫圈B | 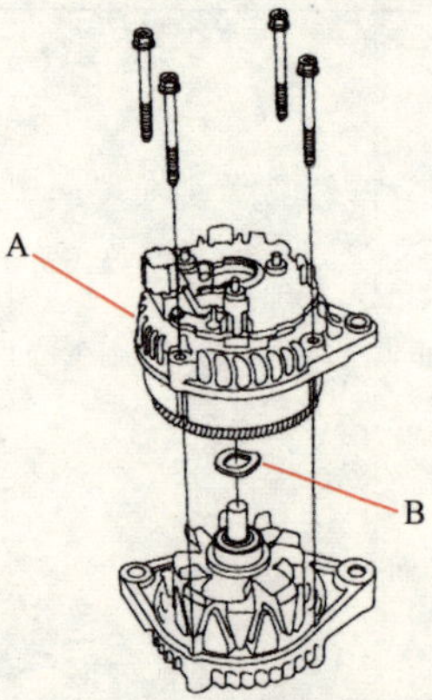 |
| 第六步 | ⑧ 如果不更换前轴承，转至步骤⑬，将转子从驱动端壳体上拆下 | 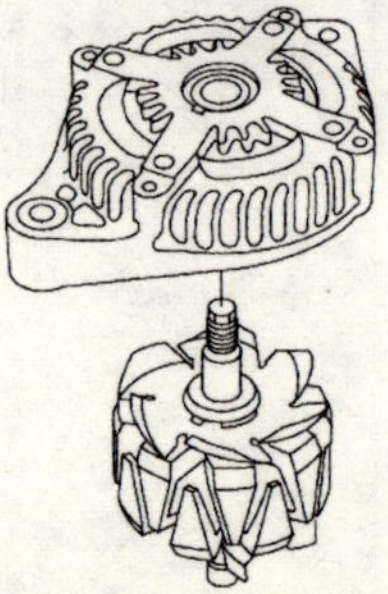 |

续表

| 步骤 | 拆解事项 | 图示/示意图 |
| --- | --- | --- |
| 第七步 | ⑨ 检查转子轴是否有划痕，并检查驱动端壳体上的轴承轴颈表面是否有卡滞痕迹；如果转子损坏，更换转子总成；如果转子正常，转至步骤⑩<br>⑩ 拆下前轴承护圈 | 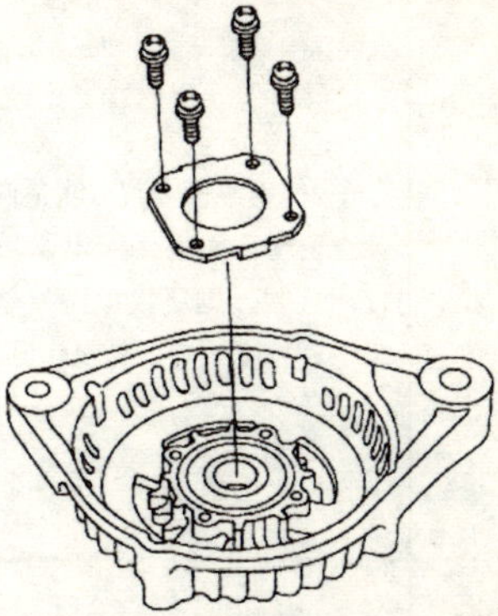 |
| 第八步 | ⑪ 用黄铜冲子和锤子敲出前轴承 | 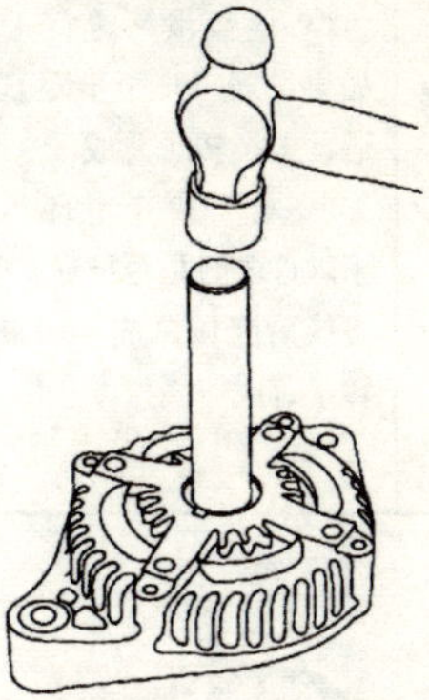 |
| 第九步 | ⑫ 用锤子、拆装器手柄和轴承拆装器附件，将一个新的前轴承安装到驱动端壳体内 | 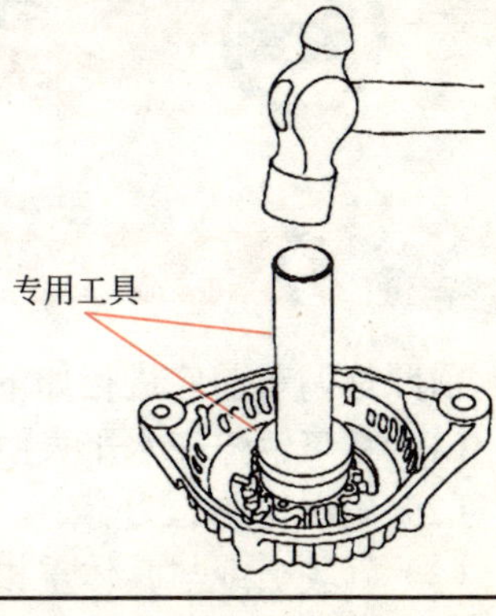 专用工具 |

续表

| 步骤 | 拆解事项 | 图示/示意图 |
|---|---|---|
| 第十步 | ⑬ 使用游标卡尺B测量两个电刷A的长度;如果任一电刷长度小于使用极限,则更换电刷架总成;如果电刷长度正常,转至步骤⑭ | 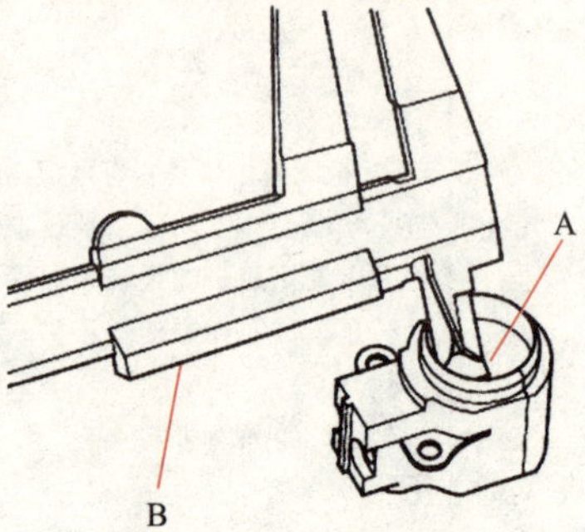 |
| 第十一步 | ⑭ 检查滑环之间A是否导通;如果导通,转至步骤⑮;如果不导通,更换转子总成<br>⑮ 检查每个滑环与转子B和转子轴C之间是否导通;如果不导通,更换后壳体总成;如果导通,更换转子总成 | 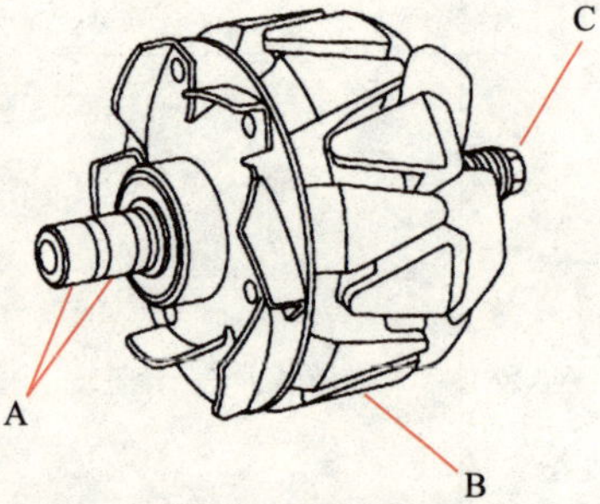 |

## 第三节
### 灯光系统维修

一、调整前照灯

前照灯调节前应进行如下操作。
(1)将车辆停在水平表面上。
(2)确保轮胎压力合适。
(3)驾驶员或与其体重相同的人应坐在驾驶员座椅上。

## 维修图解

调整前大灯程序如下。

（1）清洁外灯罩，以便能看到前照灯的中心，如图3-27所示A。

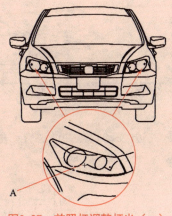

图3-27 前照灯调整灯光（一）

（2）将车辆停在墙面或者屏幕，如图3-28所示A前面。

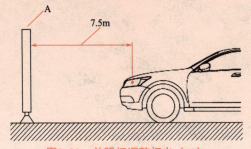

图3-28 前照灯调整灯光（二）

（3）打开近光灯。

（4）确定前照灯是否正确对光。垂直调节：测量前照灯A的高度，调整划线B至前照灯高度（图3-29）。

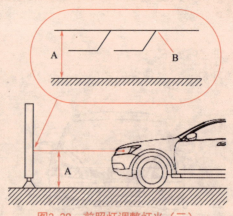

图3-29 前照灯调整灯光(三)

(5)如有必要,打开发动机盖并通过转动垂直调节器来调整前照灯(图3-30)。

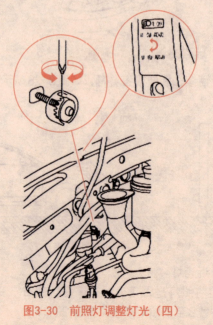

图3-30 前照灯调整灯光(四)

## 二、氙气灯

### 1 氙气灯结构原理

氙气灯由小型石英灯泡、变压器和电子控制器组成。接通电源后，通过变压器，电压在几微秒内升到20000V以上的高压脉冲电加在石英灯泡内的金属电极之间，激励灯泡内的物质（氙气、少量的水银蒸气及金属卤化物）在电弧中电离产生亮光。该物质由于高温导致碰撞激发，并随压力升高使线光谱变宽形成带光谱。据介绍，灯开关接通的一瞬间，氙气灯即产生与55W卤素灯一样的亮度，约3s达到全部光通量。

氙气灯结构见图3-31。

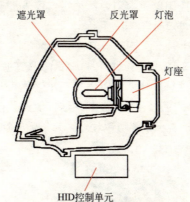

图3-31 氙气灯结构

氙气灯灯泡的玻璃是用坚硬的耐温耐压石英玻璃（二氧化硅）制成的，灯内充入高压氙气以缩短灯被点亮的时间，灯的发光颜色则由充入灯泡内的氙气、水银蒸气和少量金属卤化物所决定。

电子控制系统由变压器和电子控制器组成，具有产生点火电压和工作电压两种功能。变压器将低电压变为高电压输出，电子控制器的主要功能是限制氙气灯灯泡的工作电流，向灯泡提供20000V以上的点火电压和维持工作的低电压（80V左右）。

## 2 双氙气灯

在双氙灯上装有动态照程调节装置，该装置使用了的水平传感器，该传感器将车辆的水平信息（一个脉冲宽度调制信号）传给照程调节控制单元J431。车辆的前桥和后桥各装一个这种传感器。另外大灯还有动态转弯灯光调节功能。

### 维修图解

回转角度由回转模块内的的一个电感式传感器来监控，传感器值作为脉冲宽度调制信号直接用于大灯功率模块（图3-32）。

如果调节电机或传感器失效，功率模块会将故障信息发送到大灯照程调节控制单元J431，然后组合仪表J285的显示屏会显示相应的内容来通知司机。

车辆在静止时不回转。当车速＜6km/h时，大灯内的投射模块不会回转。当车速超过10km/h时，灯光回转的角度主要取决于方向盘转动的角度。这样就可以满足在车辆静止时不得摆动大灯灯光的交通法规规定。同时，当车在这种低速状态进行加速时，在转向角度不变的情况下，可以使得大灯的偏转均匀过渡。

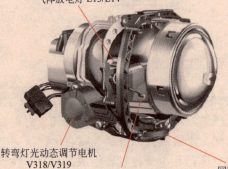

图3-32 双氙气灯内部结构

气体放电灯 L13/L14
转弯灯光动态调节电机 V318/V319
大灯光阑调节电磁铁 N395/N396
回转模块位置传感器 G474/G475

## 3 自适应大灯作用范围

**维修图解**

　　自适应大灯可以在转弯时对灯光进行动态调节,这种大灯的投射模块内装有一个电机,该电机可在车辆转弯时在水平方向上改变灯光照射方向,大灯透镜和支架并不转动。灯光转动的角度在转弯方向的内侧可达约15°,在外侧可达7.5°。这个角度变化可使车辆在转弯时得到更好的照明效果,这时灯光转弯内模块的转动角是外模块的两倍,这样就可在相同的灯光强度的情况下,得到最大的照亮范围(图3-33、图3-34)。

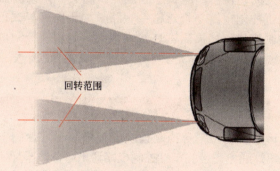

图3-33　回转范围

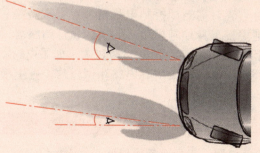

图3-34　灯光转动的角度

## 三、照明系统故障

### 1 远光控制电路故障

（1）诊断说明　前照灯远光继电器始终由蓄电池电压供电。按下转向信号/多功能开关，使转向信号/多功能开关信号电路搭铁。车身控制模块（BCM）通过向前照灯远光继电器控制电路提供搭铁，使前照灯远光继电器通电。当前照灯远光继电器通电时，继电器开关触点闭合，蓄电池电压通过远光灯保险丝供至远光灯电源电压电路，从而点亮远光灯。

（2）故障排除　使用故障诊断仪，指令远光灯点亮和熄灭。在指令状态之间切换时，测试灯应点亮和熄灭。如果测试灯始终点亮，则测试控制电路是否对搭铁短路；如果电路测试正常，则更换车身控制模块。如果测试灯始终熄灭，则测试控制电路是否对电压短路或开路/电阻过大；如果电路测试正常，则更换车身控制模块。

### 2 驻车灯控制电路故障

（1）诊断说明　车身控制模块通过向驻车灯控制电路提供电压，使驻车灯通电。当驻车灯控制电路通电时，驻车灯点亮。

（2）故障排除　使用故障诊断仪，指令相应尾灯点亮和熄灭以进行测试。在指令状态之间切换时，测试灯应点亮和熄灭。如果测试灯始终点亮，则测试控制电路是否对电压短路；如果电路测试正常，则更换车身控制模块。如果测试灯始终熄灭，则测试控制电路是否对搭铁短路或开路/电阻过大；如果电路测试正常，则更换车身控制模块。如果所有电路测试正常，则更换相应的不工作尾灯。

### 3 乘客舱变光控制电路故障

（1）诊断说明　车身控制模块通过仪表板组合仪表变光参考电压电路向仪表板组合仪表灯变光器开关提供一个参考电压，仪表板组合仪表灯变光器开关是前照灯开关的一部分。当变光器开关置于期望的亮度位置时，参考电压通过变光器开关可变电阻器和仪表板组合仪表灯变光器开关信号电路施加至车身控制模块。车身控制模块解释该电压信号，然后通过仪表板灯控制电路、背景灯控制电路和发光二极管变光控制电路，施加一个脉宽调制（PWM）电压，以点亮发光二极管、仪表板组合仪表灯和部件。

（2）故障排除　具体操作如下。

1）将点火开关置于OFF位置，断开相应的不工作背景灯部件的线束连接器。

2）测试相应部件的黑色导线和搭铁之间的电阻是否小于$5\Omega$。如果大于规定范围，测试搭铁电路是否开路/电阻过大。

3）在相应部件的控制电路和搭铁之间连接一个测试灯。

4）用故障诊断仪指令发光二极管背景灯变光测试启用/停止。

5）如果所有电路测试正常，则测试或更换相应的不工作背景灯部件。如果测试灯始终点亮，则测试控制电路是否对电压短路；如果电路测试正常，则更换车身控制模块。如果测试灯始终熄灭，则测试控制电路是否开路/电阻过大或对搭铁短路；如果电路测试正常，则更换车身控制模块。

### 4 前雾灯开关电路故障

（1）诊断帮助　前雾灯继电器始终由蓄电池电压供电。通过按下前雾灯开关，使前雾灯开关信号电路通过电阻器瞬时搭铁。车身控制模块通过向前雾灯继电器控制电路提供搭铁，使前雾灯继电器通电。当前雾灯继电器通电时，继电器开关触点闭合，蓄电池电压通过前雾灯保险丝提供至前雾灯电源电压电路，从而点亮前雾灯。

（2）故障排除　测试车身控制模块12V参考电压电路线束连接器相关的2个端子和车身控制模块信号电路线束连接器相关的2个端子之间的电阻是否为$2.5 \sim 3.0\text{k}\Omega$。如果不在规定范围内，则测试12V参考电压电路和信号电路是否开路/电阻过大；如果电路测试正常，则更换前照灯开关。如果所有电路测试正常，则更换车身控制模块。

## 5 制动灯电路故障

（1）诊断帮助　制动踏板位置传感器用于感测驾驶员操作制动踏板的动作。制动踏板位置传感器向车身控制模块提供一个模拟电压信号。车身控制模块将向左、右和中央停车灯控制电路提供蓄电池电压。将点火开关置于ON位置，指令制动灯测试，制动灯应点亮/熄灭。

（2）故障排除　具体操作如下。

1）将点火开关置于OFF位置，断开左侧尾灯/制动灯及右侧尾灯/制动灯上相应的线束连接器。

2）测试左侧尾灯/制动灯线束连接器相应端子及右侧尾灯/制动灯线束连接器相应端子相应的搭铁电路线束连接器端子和搭铁之间的电阻是否小于5Ω。

如果大于规定值，则测试相应的搭铁电路是否开路/电阻过大。

3）在左侧尾灯/制动灯线束连接器相应端子及右侧尾灯/制动灯线束连接器相应端子相应的控制电路线束连接器端子和搭铁之间连接一个测试灯。

4）使用故障诊断仪，指令制动灯测试。在指令状态之间切换时，测试灯应点亮和熄灭。如果测试灯始终点亮，则测试相应的控制电路是否对电压短路；如果电路测试正常，则更换车身控制模块。如果测试灯始终熄灭，测试相应的控制电路是否对搭铁短路或开路/电阻过大；如果电路测试正常，则更换车身控制模块。

## 6 牌照灯电路电路故障

（1）诊断说明　始终向前照灯开关提供搭铁。当前照灯开关置于驻车灯或近光位置时，通过牌照灯信号电路向车身控制模块提供搭铁。车身控制模块通过向牌照灯控制电路提供蓄电池电压做出反应，这使左侧和右侧牌照灯通电。将点火开关置于ON位置，执行牌照灯测试，牌照灯应点亮/熄灭。

（2）故障排除　具体操作如下。

1）将点火开关置于OFF位置，断开牌照灯的线束连接器。

2）测试牌照灯搭铁电路线束连接器相关端子和搭铁之间的电阻是否小于 5Ω。如果大于规定值，则测试搭铁电路是否开路/电阻过大。

3）在牌照灯控制电路线束连接器相关端子和搭铁之间连接一个测试灯。

4）使用故障诊断仪，指令牌照灯测试。在指令状态之间切换时，测试灯应点亮和熄灭。如果测试灯始终点亮，则测试控制电路是否对电压短路；如果电路测试正常，则更换车身控制模块。如果测试灯始终熄灭，则测试控制电路是否对搭铁短路或开路/电阻过大；如果电路测试正常，则更换车身控制模块。

5）如果所有电路测试都正常，则测试或更换牌照灯。

## 7 中央高位制动灯电路故障

（1）诊断说明　制动踏板位置传感器用于感测驾驶员操作制动踏板的动作。制动踏板位置传感器向车身控制模块提供一个模拟电压信号，车身控制模块将向左、右和中央制动灯控制电路提供蓄电池电压，将点火开关置于 ON 位置，执行牌照灯测试，牌照灯应点亮/熄灭。将点火开关置于 ON 位置，执行中央制动灯测试，中央制动灯应点亮/熄灭。

（2）故障排除　具体操作如下。

1）将点火开关置于 OFF 位置，断开中央高位制动灯的线束连接器。

2）测试中央高位制动灯搭铁电路线束连接器端子 B 和搭铁之间的电阻是否小于 5Ω。如果大于规定值，则测试搭铁电路是否开路/电阻过大。

3）在中央高位制动灯控制电路线束连接器相关端子和搭铁之间连接一个测试灯。

4）使用故障诊断仪，指令中央制动灯测试。在指令状态之间切换时，测试灯应点亮和熄灭。如果测试灯始终点亮，则测试控制电路是否对电压短路；如果电路测试正常，则更换车身控制模块。如果测试灯始终熄灭，则测试控制电路是否对搭铁短路或开路/电阻过大；如果电路测试正常，则更换车身控制模块。

5）如果所有电路测试都正常，则更换中央高位制动灯。

## 8 前转向信号电路故障

（1）诊断说明　始终向转向信号/多功能开关提供搭铁。当转向信号/多功能开关置于"右转"或"左转"位置时，通过右转或左转信号开关信号电路向车身控制模块提供搭铁。随后，车身控制模块通过相应的电源电压电路向前转向/侧转向和后转向信号灯提供电压。将点火开关置于ON位置，执行中央制动灯测试，中央制动灯应点亮/熄灭。将点火开关置于ON位置，指令左前转向信号灯测试，左前转向信号灯和转向信号复示灯应点亮/熄灭。将点火开关置于ON位置，指令右前转向信号灯测试，右前转向信号灯和转向信号复示灯应点亮/熄灭。

（2）故障排除　具体操作如下。

1）将点火开关置于OFF位置，断开相应转向信号灯的线束连接器。

2）测试下列相应的转向信号灯搭铁电路线束连接器和搭铁之间的电阻是否小于5Ω：

左前转向信号灯搭铁电路线束连接器相应端子；

左侧转向信号复示灯搭铁电路线束连接器相应端子；

右前转向信号灯搭铁电路线束连接器相应端子；

右侧转向信号复示灯搭铁电路线束连接器相应端子；

如果大于规定值，则测试搭铁电路是否开路/电阻过大。

3）在下列相应的转向信号灯控制电路线束连接器和搭铁之间连接一个测试灯：

左前转向信号灯电路线束连接器相应端子；

左侧转向信号复示灯电路线束连接器相应端子；

右前转向信号灯电路线束连接器相应端子；

右侧转向信号复示灯电路线束连接器相应端子。

4）使用故障诊断仪，指令相应转向信号灯点亮和熄灭以进行测试。在指令状态之间切换时，测试灯应点亮和熄灭。如果测试灯始终点亮,则测试信号电路是否对电压短路;如果电路测试正常,则更换车身控制模块。如果测试灯始终熄灭,则测试信号电路是否对搭铁短路或开路/电阻过大;如果电路测试正常,则更换车身控制模块。

5)如果所有电路测试都正常,则更换相应的转向信号灯。

### 9 转向信号电路对蓄电池短路

使用故障诊断仪,指令相应转向信号灯点亮和熄灭以进行测试。在指令状态之间切换时,测试灯应点亮和熄灭。如果测试灯始终点亮,则测试信号电路是否对电压短路;如果电路测试正常,则更换相应的控制模块。如果测试灯始终熄灭,则测试信号电路是否对搭铁短路或开路/电阻过大;如果电路测试正常,则更换相应的控制模块。如果所有电路测试正常,则更换相应的尾灯/举升门尾灯。

## 《《第四章》》
### 进阶的入门维修

# CHAPTER 4

# 第一节 空调系统

汽车空调功能：

汽车空调，顾名思义就是汽车空气调节，调节车内的温度、湿度、气流速度、洁净度等指标参数，从而为人们创造清新舒适的车内环境（图4-1）。

图4-1 空调系统调节风向

（1）调节车内温度 调节车内的温度是汽车空调的基本功能，多数汽车空调只具有这种单一功能。汽车空调在冬季时用其采暖装置升高车厢内的温度。

（2）调节车内湿度 通过制冷装置冷却降温除去空气中的水分，再由采暖装置升温以降低空气中的相对湿度。

（3）调节车内空气的流速 空气的流速和方向对人体的舒适性影响很大。夏季，气流速度稍大，有利于人体散热降温；但过大的风速直接吹到人体上，也会使人不舒服。舒适的气流速度一般为0.25m/s左右。冬季，风速大了会影响人体保温，因而冬季采暖希望气流速度尽量小一些，一般为0.15～0.20m/s。

（4）过滤净化车内的空气 汽车空调还有个功能是过滤净化车内的空气。由于车内空间小，乘员密度大，车内极易出现缺氧和二氧化碳浓度过高的情况；汽车发动机废气中的一氧化碳和道路上的粉尘、野外有毒的花粉都容易进入车内，造成车内空气污浊，影响乘员的身体健康，因此必须要求汽车空调具有补充车外新鲜空气、过滤和净化车内空气的功能。汽车空调装置都设空气过滤装置或空气净化装置。

## 一、制冷系统循环

### 1 制冷系统功用

制冷系统的功用通过外界能量的输入，制冷剂在制冷系统内的循环运转，产生汽车车厢内所需要的冷源。通过一套管路系统，把车内的热量通过一定的冷却介质加以转移。

### 2 制冷系统部件

制冷系统的主要部件有：压缩机、储液干燥器、蒸发器和冷凝器以及空调硬管、软管等组成。

### 3 制冷系统循环过程

汽车空调制冷循环，具体过程是由以下四个部分组成。

（1）压缩过程　低温低压的气态制冷剂被压缩机吸入，并压缩成高温高压的制冷剂气体。该过程的主要作用是压缩增压，这一过程是以消耗机械功作为补偿。在压缩过程中，制冷剂状态不发生变化，而温度、压力不断上升，形成过热气体。

（2）冷凝过程　制冷剂气体由压缩机排出后进入冷凝器。此过程的特点是制冷剂的状态发生改变，即在压力和温度不变的情况下，由气态逐渐向液态转变。冷凝后的制冷剂液体呈高温高压状态。

（3）节流膨胀过程　高温高压的制冷剂液体经膨胀阀节流降压后进入蒸发器。该过程的作用是制冷剂降温降压、调节流量、控制制冷能力，其特点是制冷剂经过膨胀阀时，压力、温度急剧下降，由高温高压液体变成低温低压液体。

## 维修图解

图4-2所示是制冷剂的压力与温度的变化进程。以两条虚线可以把制冷剂在空调管道内的运行分为四种状态，它们分别是高温高压、高温低压、低温高压与低温低压。在管道内制冷剂也可以分为两种不同的物质状态，它们是气态与液态。要特别注意的是，进入压缩机内的制冷剂必须是气态的，不然会损坏压缩机。

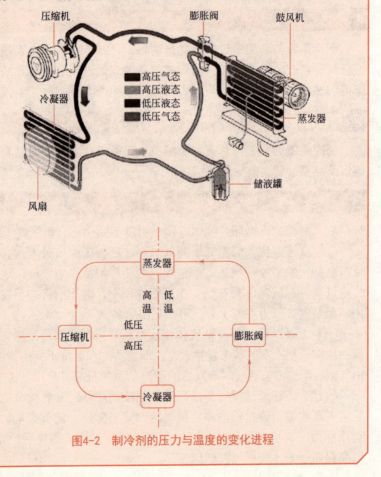

图4-2 制冷剂的压力与温度的变化进程

（4）蒸发过程　制冷剂液体经过膨胀阀降温降压后进入蒸发器，吸热制冷后从蒸发器出口被压缩机吸入。此过程的特点是制冷剂状态由液态变化成气态，此时压力不变。节流后，低温低压液态制冷剂在蒸发器中不断吸收气化潜热，即吸收车内的热量又变成低温低压的气体，该气体又被压缩机吸入再进行压缩。

## 二、空调制冷系统的结构分类

根据膨胀节流装置不同可以分为两个种类：膨胀阀式和节流孔式。这也是目前比较常用的分类方式之一。膨胀阀式还可以分为：恒温膨胀阀-吸气节流阀系统、储液器-阀组合系统、离合器恒温膨胀阀系统等。而节流孔的结构相对比较简单。

### 维修图解

膨胀节流阀的制冷系统如图4-3所示。

在膨胀阀系统中，最常用的是离合器恒温膨胀阀系统，它的工作原理是由热力膨胀阀和离合器控制蒸发压力，由热力膨胀阀

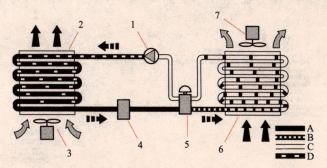

图4-3　膨胀节流阀的制冷系统

1—压缩机；2—冷凝器；3—辅助风扇；4—储液罐/干燥器；5—膨胀阀；
6—蒸发器；7—加热/制冷风扇
A—高压高温液态制冷剂；B—低压低温液态制冷剂；C—低压低温气态
制冷剂；D—高压高温气态制冷剂

控制蒸发器供液量，保证蒸发压力在一定范围内变化。当车速增加时，蒸发压力降低，蒸发器表面结霜。这时，由压力开关或热敏开关来脱开压缩机离合器，使压缩机停止运行，待霜层融化后，压力开关又自动接通压缩机。而热力膨胀阀是一种自动调节阀，它能根据车内热负荷的变化，通过加大或减少液态制冷剂的流量来适应热负荷的变化，维持蒸发器出口处制冷剂蒸气有一定的过热度。常规的离合器热力膨胀阀系统，在冷凝器与节流元件之间设有储液干燥器，采用膨胀阀的系统所配置的储液罐要大些，主要是考虑当需要增加制冷剂流量时有液可供，不致出现节流元件气堵，同时可在储液罐内放置干燥剂袋，以吸收制冷剂中的水分。

## 维修图解

节流孔式制冷系统如图4-4所示。

节流孔式节流装置与膨胀阀式相比较有以下特点：结构简单，不易损坏，但不能控制蒸发器的供液量，只起节流降压作用，不

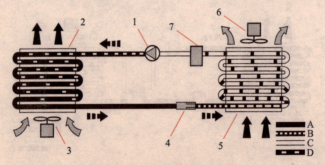

图4-4　节流孔式制冷系统

1—压缩机；2—冷凝器；3—辅助风扇；4—节流孔；5—蒸发器；6—暖/冷风扇；7—分液器/干燥器
A—高压高温液态制冷剂；B—低压低温液态制冷剂；C—低压低温气态制冷剂；D—高压高温气态制冷剂

能保证蒸发压力稳定。当汽车加速时,压缩机转速增加,蒸发压力降低,蒸发器芯子结霜。这时,由压力开关或热敏开关切断离合器电源,使压缩机停止运行。待霜层融化后,压力开关自动接通,压缩机开始运行。在这种结构中,为了防止低热负荷时压缩机出现液击现象,在蒸发器与压缩机吸入口之间设有气液分离罐,使未蒸发完的液态制冷剂分离出来,暂存于罐的下部。由于该罐置于高温的发动机舱内,它很快就会继续蒸发成为气态,从而保证了压缩机的安全。同时,取消了冷凝器后的储液干燥罐,将干燥剂转移到了气液分离罐中,而在冷凝器最后一段散热管也能起到一定的储液作用。节流元件与膨胀阀的不同还在于,气液分离器取代了储液罐,并从高压边移到了低压边。

## 三、压缩机

### 1 压缩机的功用与分类

(1)汽车空调压缩机是汽车空调制冷系统的心脏,它起着输运和压缩制冷剂蒸气、保证制冷剂循环正常工作的作用。压缩机性能的好坏与能量消耗、噪声大小和运转可靠性都有直接关系。

(2)汽车空调的压缩机主要采用的是容积式制冷压缩机。所谓容积式压缩机是指蒸气在气缸中的原有容积被强制缩小(压缩),使单位容积内气体分子数目增加,来提高制冷蒸气的压力。

(3)汽车空调压缩机,可按照运动方式和主要零件的形状分为如下三种:往复活塞式、旋叶式和可变容积式等。其中往复活塞式包括:曲轴连杆式压缩机、摇板式、斜盘式等。旋转式包括:旋叶式、转子式、螺杆式和涡旋式等。可变容积式包括所在往复活塞式和旋转式两种工作过程中容积能发生变化的压缩机。

曲轴连杆式压缩机已经逐渐被其他形式的压缩机所取代,目前只用在一些大型客车空调上。主要原因是由于结构不紧凑、转速低、惯性力大、容积效率低。

## 2 斜盘式压缩机

斜盘式压缩机是目前汽车空调的主要机型，经过不断的技术改进，该压缩机已具有尺寸小、质量轻和功耗小等优点，斜盘式压缩机是轴向往复活塞式，活塞的往复直线运动是依靠主轴带动斜盘或楔块转动时产生位置变化而产生的，它的活塞作用是双向作用，因此斜盘压缩机的往复惯性力能完全自然地得到平衡，往复惯性力矩也能得到平衡。

### 维修图解

斜盘式压缩机工作原理。

当主动轴转动时，斜盘便随着旋转，通过滑板推动双活塞往复运动。活塞一次往复运动就完成了压缩机吸气→压缩→排气过程。若斜板转动一周，前后两个活塞各完成吸气、压缩、排气、膨胀过程，相当于两个气缸作用。如缸体截面均布三个气缸和三个双向作用的活塞，主轴旋转一周，相当于六个气缸作用，因此，称这种压缩机为六缸斜板式压缩机。同理，缸体截面若均布五个气缸和五个双向作用的活塞，则称这种压缩机为十缸斜板式压缩机。

斜盘式压缩机见图4-5。

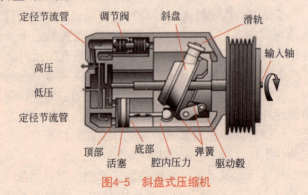

图4-5 斜盘式压缩机

### 3 摇板式压缩机

摇板式压缩机也是一种轴向运动的往复活塞式压缩机，它的工作原理与斜板式有一定的相似性。

#### 维修图解

摇板式压缩机工作原理。

（1）主轴旋转时，带动楔形块随之旋转，摇板受楔块旋转而推着摆动，摇板的摆动牵连活塞作往复运动完成吸气→压缩→排气工作过程。

（2）由于摇板式压缩机象曲轴连杆式一样，装有吸、排气阀片，其工作循环也具有压缩、排气、膨胀、吸气四个过程。当活塞向左运动时，处于压缩、排气阶段，当活塞向右运动时，处于膨胀、吸气阶段。主轴转动一周，一个气缸就完成膨胀、吸气、压缩、排气一个循环。如果一个摇板上装有五个活塞，对应的五个气缸在主轴转动一周就有五次吸、排气过程。

（3）摇板式压缩机是可变容积式的，它的容积的改变是通过控制阀来改变斜板的角度，来改变每个活塞的有效行程达到改进压缩机输出压力与流量的变化。

摇板式压缩机见图4-6。

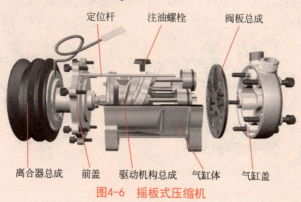

图4-6　摇板式压缩机

### 4 旋叶式压缩机

旋叶式压缩机也称为刮片式压缩机，其特点是结构紧凑、外形尺寸小、重量轻、容积效率高、平衡性好、易损件少，汽车空调中也使用较多。旋叶式压缩机由缸体、转子、滑片和泵室组成。其缸体有圆形与椭圆形之分，叶片数有2、3、4、5几种。旋叶式压缩机是回转式压缩机、容积式压缩机，其主要零件转子在气缸内旋转运动，转子每旋转一周，分别有若干个相同的工作容积依次进行相同的工作过程。

### 维修图解

旋叶式压缩机工作原理。

（1）旋叶式压缩机的转子偏心安置在气缸内，转子上一般开有2~5个纵向开口槽，槽内装有能径向滑动的滑片。当旋叶式压缩机工作时，转子在缸体内旋转，滑片在离心力或油压的作用下滑出，并紧贴缸内壁。这样，转子外表面、气缸内壁、滑片及压缩机两端盖共同形成一个封闭的月牙形容积，另外压缩机缸体的适当位置上设置吸气口及排气口。随着转子的旋转，月牙容积不断由大到小、由小到大的变化，实现了旋叶式压缩机的吸气→压缩→排气的工作过程。

（2）一般情况下，转子槽中的滑片不是通过转子中心的径向运动，而是斜置叶片自由滑动。转子槽不沿径向开设，而是按一定方向偏离某一角度设槽，叶片在槽中斜置。斜置的目的是尽量减少叶片式顶部摩擦力对叶片沿转子槽运动的阻碍，从而改善叶片在转子槽中的运动状况。

旋叶式压缩机见图4-7。

第四章 进阶的入门维修

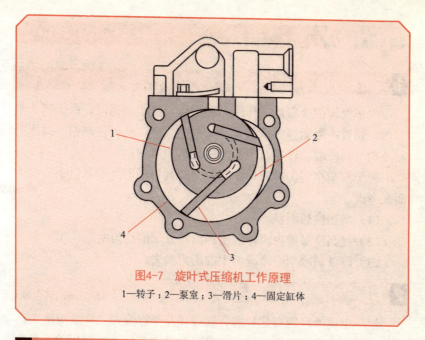

图4-7 旋叶式压缩机工作原理
1—转子；2—泵室；3—滑片；4—固定缸体

### 5 涡旋式压缩机

　　涡旋式压缩机是由涡旋定子、涡旋转子、曲轴、机座及防自转机构组成。压缩机的一个涡旋定子和涡旋转子的涡卷之间和涡卷的端板之间组成了气缸的工作容积。转子和定子的涡卷呈渐开线，两线基本相同。涡旋转子和涡旋定子两者中心相距旋转半径保持相位差180°，也相切。相对运动时，形成了由外围向动定涡旋转子中心移动的空间，以压缩机气，在端板的中心部位分开有排气孔，并被固定在机架上。工作时，气体制冷剂从涡旋定子涡卷的外部被吸入，在涡旋定子与转子涡卷所形成的空间中被压缩，压缩后的高压气体制冷剂从涡旋定子端板中心排出。涡旋转子随偏心轴进行公转动。
　　涡卷的加工精度要求高，特别是涡旋的形位公差有很高的要求，这是制约它广泛应用的原因。

171

## 四、冷凝器

### 1 冷凝器作用

汽车空调的冷凝器的作用是把压缩机排出的高温、高压制冷剂气体，通过冷凝器将热量散发到车外空气中，从而使高温、高压的制冷剂气体冷凝成较高温度的高压液体。

对于汽车空调的冷凝器，要想提高其性能不外乎从以下三个方面来考虑。

（1）增加换热面积。
（2）提高冷凝器内流体温度和流量分配的均匀度。
（3）降低制冷剂在冷凝器中的压力损失。

### 2 冷凝器结构形式

汽车空调冷凝器有管片式、管带式及平行流式三种结构形式。

（1）管片式冷凝器　管片式冷凝器是汽车空调中常用的一种冷凝器，制造工艺简单，但其散热效率较低。管带式冷凝器是将扁平管弯曲成蛇形管而制成的，它散热效率高于管片式冷凝器。

（2）平行流冷凝器　平行流冷凝器也是一种管带式结构，它是适应新的制冷剂R134a而研制的新结构冷凝器。

**维修图解**

冷凝器是热交换装置（图4-8）。汽车空调冷凝器采用强制风冷散热。让外界空气强制通过冷凝器将高温的制冷剂的热发散，使其成为液态制冷剂。制冷剂所释放出的热被周围空气带走。

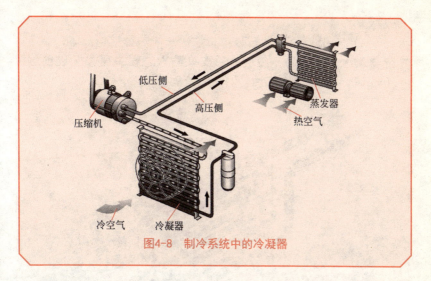

图4-8 制冷系统中的冷凝器

## 五、蒸发器

### 1 蒸发器的功用

与冷凝器一样,蒸发器也是一个热交换器。它完成空调系统的主要任务,即冷却空气。因此它必须从流过的空气中吸收热量。此外蒸发器还有另一项任务,它从空气中吸收水分,从而使空气变干燥。水分经过冷凝后排到车外。以这种方式干燥过的空气可防止车窗玻璃起雾。

### 维修图解

(1)如图4-9所示,蒸发器从外侧吸收空气中的热能并将其向内侧传到制冷剂上,因此蒸发器以热交换器方式工作。在此最重要的因素是从液态变成气态时是通过制冷剂吸收能量,这个过程需要较多的热能,热能从有空气流过的鳍片中吸收过来。

（2）在低压下以及在鼓风机输送车内热量的情况下，制冷剂蒸发。在此制冷剂变得很冷。在喷入过程中压力从以前的 10～20bar 降低到约2bar。（$1bar=10^5Pa$）

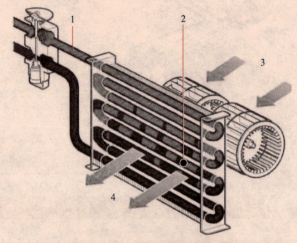

图4-9 蒸发器上的空气冷却过程
1—低压，2bar；2—沸点，10℃；3—进气，30℃；4—出气，12℃

## 2 蒸发器的类型

蒸发器安装在自动恒温空调或手动恒温空调的壳体内，它由带有压上式鳍片的蛇形管组成。制冷剂流过蛇形管，风扇将待冷却的空气吹过这些鳍片。为改善热传导效果，鳍片具有较大的表面面积。为了使液态制冷剂尽可能均匀地分布在蒸发器的整个面积上，制冷剂喷入蒸发器内后分为多个大小相同的支流。汽车空调蒸发器有管片式、管带式、层叠式三种结构。

（1）管片式是由铜质或铝质圆管套在铝翅片组成，经胀管工艺使铝翅片与圆管紧密接触，结构简单、加工方便，但换热效率差。

（2）管带式蒸发器是由多孔扁管与蛇形散热铝带焊接而成，工艺比管片式复杂，换热效率比管片式提高10%左右。

（3）层叠式蒸发器由两片冲成复杂形状的铝板叠在一起组成制冷剂通道，每两片通道之间夹有蛇形散热铝带。这种换热器工艺复杂，但它是换热效率最高，结构也最紧凑的换热器。

##  六、膨胀阀

### 1 膨胀阀功能

汽车空调的节流膨胀装置主要是热力膨胀阀。热力膨胀阀是一种节流装置，它是制冷系统中自动调节制冷剂流量的元件。热力膨胀阀的工作特性好坏直接影响整个制冷系统能否正常工作。具体地说，热力膨胀阀有以下三个功能。

（1）节流降压。
（2）自动调节制冷剂流量。
（3）控制制冷剂流量，防止液击和异常过热发生。

### 2 膨胀阀工作原理

膨胀阀是处于干燥瓶与蒸发器之间，是高、低压管路的分界点。安装在蒸发器的一面面对发动机的一侧上。它能根据蒸发器的压力与温度对制冷剂的循环量进行控制。

#### 维修图解

从干燥瓶/储液罐的制冷剂由进液孔流入膨胀阀（图4-10），经过球阀进入膨胀阀出液孔而流入蒸发器。球阀的开度决定了制冷系统中制冷剂循环量的多少。球阀的开度受到蒸发器出口的压力和温度的控制。如从进气阀的压力增高时，由于膜片室接近从蒸发器出来的制冷剂，膜片室内的制冷剂温度也增高，这样膜片室内的制冷剂压力就增大，而把膜片向下压，膜片向下时，通过阀门滑杆的向下作用而把球阀推开，而加大通过膨胀阀制冷剂的

流量，从而达到降低蒸发器出口温度和压力的目的，而把蒸发器产生的冷源控制在一定的范围内。只要空调系统处于运行状态，这个调节过程就会不断进行。

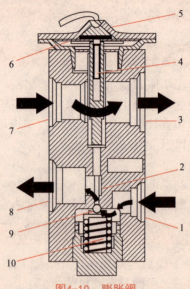

图4-10　膨胀阀

1—进液孔（来自干燥器）；2—阀门滑杆；3—出气孔（到压缩机）；4—温度传感器；5—膜片室（充满制冷剂）；6—膜片；7—进气阀（来自蒸发器）；8—出液孔（到蒸发器）；9—球阀；10—弹簧

 **七、储液罐/干燥器**

干燥器（储液罐）有以下功用。

（1）对制冷剂进行过滤　将系统中经常出现的杂质、脏物如锈蚀、污垢、金属微粒等过滤掉，这些杂质会损坏压缩机气缸壁和轴承，还会堵塞过滤网和膨胀阀。

（2）吸收系统中的湿气　汽车空调系统中要求湿气越少越好，因为湿气会造成"冰塞"并腐蚀系统的管道等，使之不能正常工作。

(3)对过多的制冷剂进行存储作用　接受从冷凝器来的液体并加以储存,根据蒸发器的需要提供所需制冷剂量。

由于汽车空调正常工作时,制冷剂的供给量大于蒸发器的需要量,所以高压侧液态制冷剂要有一定的储存量,储液罐作为制冷剂的膨胀容器和储罐使用。同时,随着季节的变化,在系统不运行或检测、更换系统内的零件时,可以将系统中的制冷剂收入到高压侧进行储存,以避免制冷剂的泄漏。因此,在汽车空调制冷系统中,必须设置储液干燥器。

## 维修图解

由于运行条件不同,例如蒸发器和冷凝器上的热负荷以及压缩机转速等,因此泵入循环回路内的制冷剂量不同。为了补偿这种波动,空调系统安装了一个储液罐(图4-11)。来自冷凝器的液态制冷剂收集在储液罐内,蒸发器内冷却空气所需要的制冷剂继续流动。

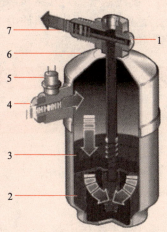

图4-11　外部储液罐和干燥器
1—安全阀;2—过滤干燥器;3—滤网;4—接口(自冷凝器);
5—压力传感器;6—壳体;7—连接膨胀阀的输出接口

干燥剂与少量的水发生化学反应并借此将水从循环回路中清除。根据具体型号，干燥剂可以吸收 6～12g 水，吸收量取决于温度，温度降低时吸收量提高。例如，如果温度为 40℃ 时干燥器饱和，那么 60℃ 时水会再次析出。干燥器还可以过滤掉压缩机磨损产生的颗粒、安装时的污物或类似物质。

## 八、制冷系统管路

由于汽车空调的各个总成部件一般分散安装在汽车的各个部件，如压缩机与发动机连成一体，冷凝器与干燥器安装在车架前端上，蒸发器安装在车厢内。当汽车在颠簸的道路上高速行驶时，各部件都产生振动，因而制冷系统不能用刚性的金属管连接，只能用软管连接。

汽车制冷系统所有的管路可以分为两种，一种是低压管路，另一种是高压管路。对于制冷系统中，管路和连接有两种主要的结构形式，一种是螺母接合型，另一种是快速插接型。对于两种不同的管路的连接，要用不同的拆卸方法。

## 九、空调系统检测与维修操作

### 1 空调制冷系统故障的诊断方法

汽车空调故障诊断可通过观察系统各设备的表面、听机器运转声音、触摸设备各个部位的温度，利用压力表、温度计、万用表、检测仪测试有关数据等手段进行。

（1）观察部件工作状态。

1）首先察看干燥过滤器视镜中制冷剂流动状态，如果流动的制冷剂中央有气泡，则说明系统内制冷剂不足，应补充至适量。

2）如果流动的制冷剂呈雾状，且水分指示器呈淡红色，则说明制冷剂中含水量偏高，回收制冷剂，对制冷系统进行干燥处理，更换储液/干燥器。

3）察看系统中各部件与管路连接是否可靠密封，是否有微量的泄漏存在。如果有泄漏，在制冷剂泄漏的过程中常夹有冷冻润滑油一起泄出，故在泄漏处有潮湿痕迹，并可能附一些灰尘。此时应将连接螺母拧紧或进行修理。

4）最后察看冷凝器是否被杂物封住，散热片翅片是否变形。

（2）听空调系统工作是否有异常声音。

1）首先听压缩机电磁离合器有无发出刺耳噪声，如果有，则多为离合器磁力线圈老化，通电后所产生的电磁力不足或离合器片磨损引起间隙过大，造成离合器打滑而发出的尖叫声。

2）听压缩机在运转过程中是否有液击声，如果有此声，则多为系统内制冷剂过多或膨胀阀开度过大，导致制冷剂在未被完全气化的情况下吸入压缩机。此现象会导致压缩机损坏，应缓慢释放制冷剂至适量或调整膨胀阀开度，及时加以排除。

（3）触摸相关部件感知其工作状态。

在无温度计的情况下，可用手触摸空调系统各部件及连接管路的表面。

1）触摸高压回路（从压缩机出口→冷凝器→储液器→膨胀阀进口处）应呈较热状态，如果某一部位特别热或进出口之间有明显温差，则说明此处有堵塞。

2）触摸低压回路（从膨胀阀→蒸发器→压缩机进口）应较冷，如果压缩机高、低压侧无明显温差，则说明系统有泄漏或没有制冷剂。

（4）借助测试设备检测。

通过看、听、摸这些过程，只能发现不正常的现象，但有些故障判断要作最后的结论，还要借助于有关仪器、仪表来进行测试，在掌握第一手资料的基础上，对各种现象做认真分析，找出故障所在，然后予以排除。

1）用检漏仪检漏：用检漏仪检查整个系统，检查各接头处是否泄漏。

2）用万用表检查：用万用表可以检查出空调电路故障，判断出电路是断路还是短路。

3）用温度计检查：用温度计可以判断出冷凝器、蒸发器、储液器故障。

蒸发器：正常工作时，蒸发器表面温度在不结霜的前提下越低越好。

冷凝器：正常工作时，冷凝器入口温度为70℃，出口温度为50℃左右。

储液器：正常情况下应为50℃左右，若储液筒上下温度不一致，说明储液器有堵塞。

4）用压力表检查 将歧管压力计的高、低压表分别接在压缩机的排气、吸气口的维修阀上。在空气温度为30～35℃，发动机转速为2000r/min时检查。风机风速调至高挡，温度调至最冷挡，其正常状况是高压端压力应为1.42～1.47MPa，如果不在此范围，则说明系统有故障。

## 2 压缩机的拆卸与安装

空调压缩机出现故障后，大部分故障都要拆下压缩机进行修理（压缩机分解维修见表4-1），所以压缩机的拆卸是一个非常重要的工序。从车上拆卸压缩机的步骤如下。

（1）断开蓄电池上的负极的连线。

（2）将制冷剂从系统中排出。

（3）拆下右侧防溅挡泥板和进风道。

（4）将动力转向油泵或发电机的安装螺栓、螺母和调整锁螺栓松开。

（5）松开并拆下驱动带。

### 维修提示

潮气或杂物进入制冷循环系统会降低系统冷却效果并产生异常噪声。循环系统的任何拆开部件的开口都应当及时堵住，以免潮气和杂物进入。

(6) 按顺序进行拆卸，注意不要让压缩机机油流出。
(7) 按与拆卸相反的顺序进行安装。
(8) 调整驱动带。
(9) 进行相应的测试（包括泄漏测试、性能测试等）。

## 3 压缩机检查和维修（表4-1）

表4-1 空调压缩机检查和维修

| 操作项目 | | 操作内容 | 图示/示意图 |
| --- | --- | --- | --- |
| 空调压缩机离合器检查 | 第一步 | 检查压盘是否变色、脱落或有其他损坏 | 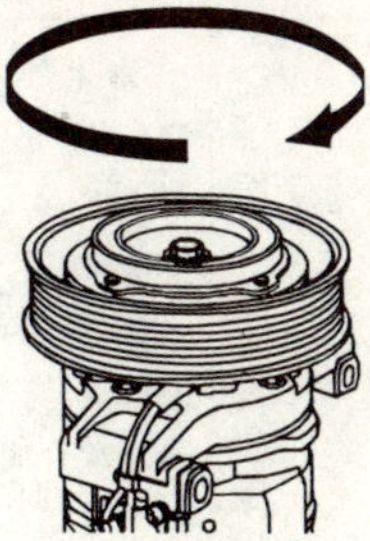 |
| | 第二步 | 用手旋转带轮，检查带轮轴承间隙和卡滞情况；如果离合器组件有噪声或间隙过大/卡滞，换上一个新的离合器组件 | |
| | 第三步 | 用千分表测量带轮A和压盘B之间的间隙；对千分表调零，然后对空调压缩机离合器施加蓄电池电压；施加电压时测量压盘的移动，如右图所示 | 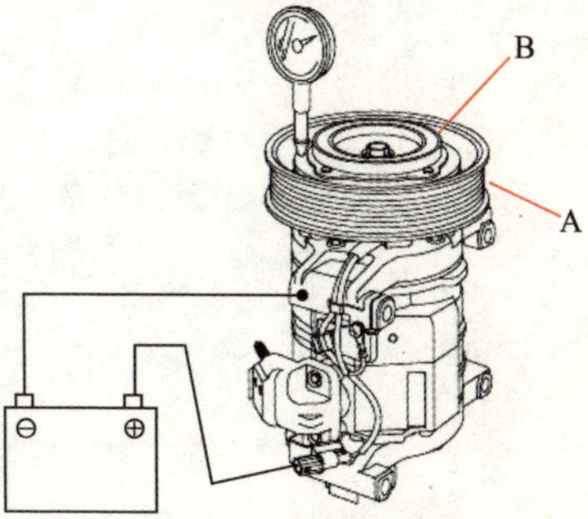 |
| | 第四步 | 检查励磁线圈的电阻；如果电阻不在规定范围内，更换励磁线圈，如右图所示 | 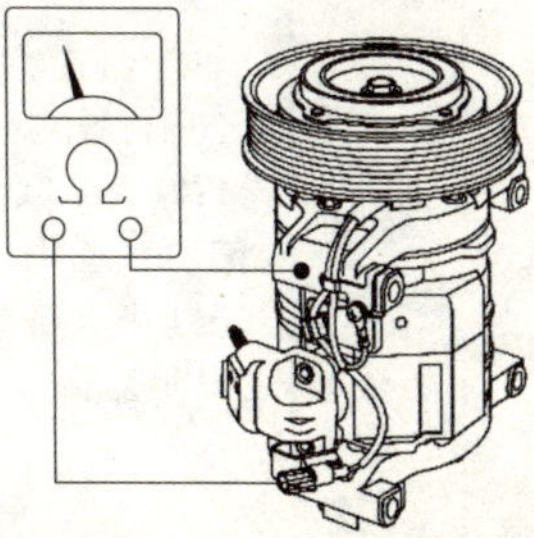 |

续表

| 操作项目 | | 操作内容 | 图示/示意图 |
|---|---|---|---|
| 空调压缩机离合器修理 | 第一步 | 用通用空调离合器固定器B固定压盘A，拆下中心螺栓 | 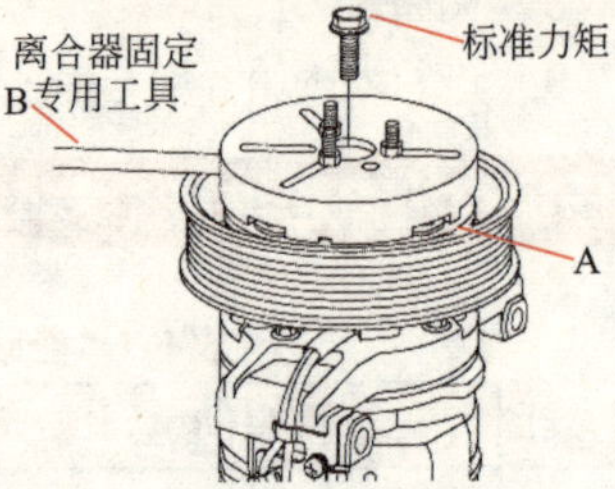 离合器固定B专用工具 标准力矩 A |
| | 第二步 | 拆下压盘A和垫片B，小心不要弄丢垫片，如果离合器需要调整，必要时增加或减少垫片的数量和厚度，然后重新安装压盘，并重新检查间隙 | 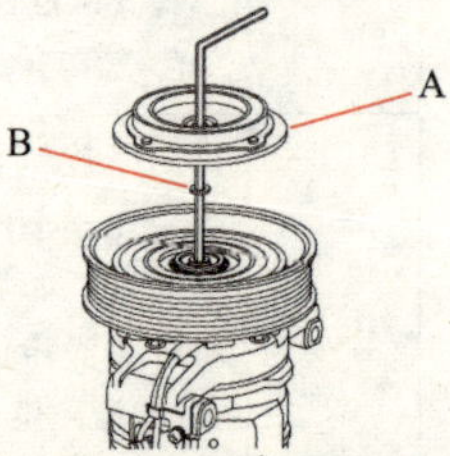 A B |
| | 第三步 | 如果更换励磁线圈，则用卡环钳拆下卡环A，然后拆下带轮B。小心不要损坏带轮或空调压缩机 | 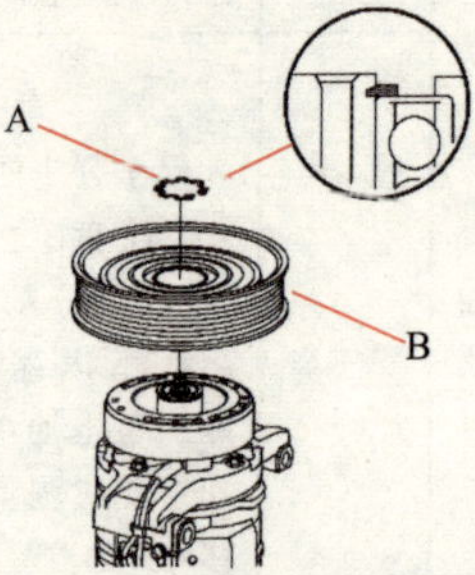 A B |
| | 第四步 | 拆下螺钉、线束夹A和固定器B；使用卡环钳拆下卡环C，然后拆下励磁线圈D；小心不要损坏励磁线圈或空调压缩机 | 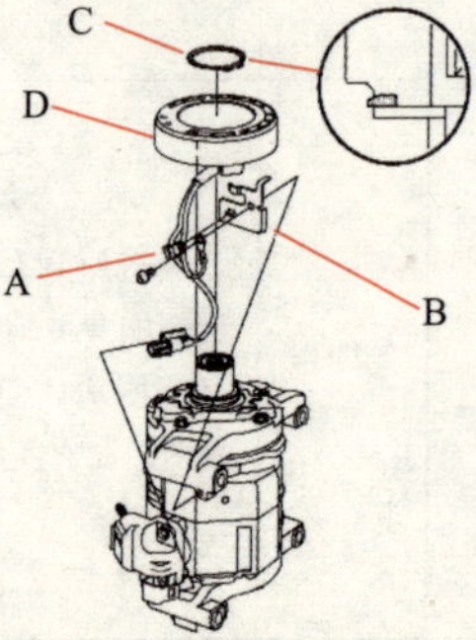 C D A B |

续表

| 操作项目 | 操作内容 | 图示/示意图 |
|---|---|---|
| 安装事项 | — | 按照与拆解相反的顺序重新装配离合器 | — |

## 4 压缩机故障诊断

压缩机常见的故障有以下几种，应在具体的实际操作中去加以检测和维修。

（1）压缩机不工作　在制冷系统不能产生压力和制冷剂运动的动力。在低压管侧不能产生低压，在高压侧也不能产生高压。当发动机加速时，高压侧的压力是否会上升，对压缩机加入一定的压缩机机油再看高压侧压力有否上升，如没有则问题出现在压缩机，对压缩机进行更换维修。

（2）压缩机产生噪声　压缩机的噪声可能有：带轮打滑、压缩机叶轮产生噪声、压缩机电磁离合器的噪声等。带轮打滑的噪声是带有嘎嘎或嗡嗡声，对于压缩机叶轮的声音是吱吱、嘭嘭、乒乒等声音，对于电磁离合器的声音是咔嗒声。对压缩机进行进一步检查，如确实是压缩机所产生的噪声，则对压缩机进行更换维修。

（3）压缩机机油不够　压缩机机油的功用有润滑、密封、冷却和降低噪声等作用。对于压缩机机油不够时，会产生压缩机噪声，压缩机的功效下降，压缩机的寿命也缩短。对压缩机进行添加压缩机机油，情况有明显改进，则是由于缺乏机油，则可进行相应的维修。

（4）压缩机的内部泄漏　主要由于压缩机一些密封部件出现的磨损或破坏。对于压缩机的内部泄漏测试就是在压缩机的吸、排气检修阀上装上歧管压力计，并关闭手动高、低压阀，再用手转动压缩机主轴，每秒转动一圈，共转十圈，高压表的压力应大于一定值，低压表的压力应低于一定的值。如不满足要求，则说明压缩机有内部的泄漏。当制冷系统运转时，低压端压力太高，而高压端压力过低,这也表明压缩机内部有泄漏,应对压缩机进行更换。

(5)压缩机的外部泄漏　压缩机的外部泄漏主要是指制冷剂从轴封、端盖、吸排气阀口等处有无泄漏,若有对压缩机则进行更换维修。

## 5 蒸发器的检测与拆卸/安装

蒸发器直接与车厢内的空气进行热交换,它传热能量的强弱对制冷有很大的影响,必须对蒸发器进行严格的检测。

(1)蒸发器的检测有如下内容。
1)蒸发器是否损坏。
2)用检测仪检查其是否泄漏。
3)观察排泄管道是否通畅。
4)观察蒸发器外表是否有积垢、异物等。
5)检查肋片有无弯曲,如有用平口螺丝刀将弯曲部位弄平。
6)蒸发器如有损坏、裂纹和漏油应对蒸发器进行更换。

(2)蒸发器的拆卸和安装。蒸发器的拆卸与安装是一个逆过程,拆卸如下程序(图4-12)。

图4-12　拆卸蒸发器

1)断开蓄电池上负极电缆的连接。
2)将制冷剂从系统中排出。
3)拆下杂物箱和盖。

4）将进气拉线断开。
5）断开鼓风机电机插头和电阻插头的连接。
6）按顺序进行拆卸，不要让压缩机机油流出。
7）按与拆卸相反的顺序进行安装。
8）调整进气拉线。
9）进行制冷系统的相关检测。

### 6 常用空调检测工具

汽车空调故障通过诊断后，需要借助一些专用维修工具来进行修理。汽车空调在具体修理过程中，离不开检漏、抽真空、充注制冷剂、加注冷冻润滑油以及排空等基本操作，汽车空调维修人员必须掌握这些基本操作技能。检修汽车空调故障时需要配备的工具有：歧管压力计、制冷剂检漏仪、制冷剂注入阀、真空泵等工具。

（1）歧管压力计　主要用于检查和判断制冷系统的工作状态和故障情况，由高低压表组成，其上有三个接头分别与三根橡胶软管相接，分别完成制冷系统抽真空、充注制冷剂等操作。

（2）制冷剂检漏仪　用于检查制冷系统内的制冷剂是否泄漏，目前主要有卤素检漏仪和电子检漏仪两种，而常用的是电子检漏仪。

（3）制冷剂注入阀　当向制冷系统灌制冷剂时，可将注入阀装在制冷剂罐上，旋动开关，阀针使制冷剂罐刺穿，就可充注制冷剂。

（4）真空泵　在安装或维修之后，充注制冷剂之前，都必须对制冷系统进行抽真空，否则，制冷系统中空气和水分会引起系统内压力升高和膨胀阀处冰堵，影响制冷系统正常工作。

### 7 歧管压力计使用

歧管压力计（维修工习惯称为空调压力表）在检测中的应用有：抽真空、制冷剂的初注、制冷剂的补充和空调系统的压力的检测。

## 维修图解

歧管压力计有两个压力表，一个压力表用于检测制冷系统高压侧的压力，另一个压力表用于检测低压侧的压力（图4-13）。低压侧压力表既用于显示压力，也用于显示真空度。高压侧压力表测量的范围从0开始。

组装后的歧管压力计由高压表、低压表、手动低压阀、手动高压阀、阀体以及高压接头、低压接头、制冷剂-抽真空接头组成。工作时高、低压接头分别通过软管与压缩机高、低压服务阀相连，中间接头与真空泵或制冷剂钢瓶相连。只能用手拧紧软管与歧管压力计的接头，不可用扳手，否则会拧坏接头螺纹。使用时必须排尽软管内空气。

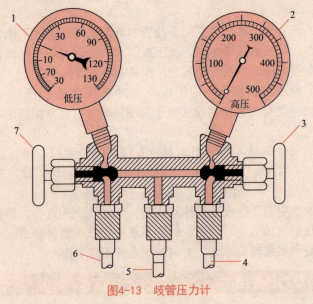

图4-13　歧管压力计

1—低压表（蓝色）；2—高压表（红色）；3—高压手动阀（H）；4—高压侧软管；
5—维修用软管（绿色）；6—低压侧软管（蓝色）；7—低压手动阀（L）

当不同的阀开启与关闭时,歧管压力计能进行不同的操作,具体内容如下。

(1)当手动低压阀开启、手动高压阀关闭时,低压管路与中间管路、低压表相通,这时可以进行低压侧加注制冷剂或排放制冷剂,并同时检测高、低压侧压力。

(2)当手动低压阀关闭、手动高压阀开启时,高压管路与中间管路、高压表相通,这时可以从高压侧加注制冷剂或排放制冷剂,并同时检测高、低压侧压力。

(3)当手动高、低压阀都关闭时,可进行高、低压侧压力检测。

(4)当手动高、低压阀都开启时,可进行加注制冷剂、抽真空,并进行高、低压侧压力的检测。

歧管压力计实物见图4-14。

图4-14 歧管压力计实物图

(1)歧管压力计在制冷系统抽真空中的使用。

1)汽车空调制冷系统的抽真空是一道非常重要的工序,对制冷系统抽真空有三个作用:一是抽出系统中残留的气体;二是检测系统有无渗漏;三是使系统干燥。只有在系统抽真空后才能灌注制冷剂。

2）对系统进行有无渗漏的检测是应用真空泵，对制冷系统进行抽真空，真空度达到近 $10^5$Pa 保持在一定时间内真空度没有显著升高表明可以进行制冷剂的充注。

3）抽真空同时是为了排除制冷系统内的空气和水汽，它是空调维修中一项极为重要的工序。因为对空调制冷系统进行维修或更换设备时，必然使空气进入系统中，而空气中含有一定量的水蒸气（湿空气）。

4）抽真空并不能直接把水分抽出制冷系统，而是产生真空后降低了水的沸点，水分化成蒸汽后被抽出制冷系统，因而系统抽空时，时间越长，系统内残余的水分越少。为了最大限度地将系统内的空气及湿气抽出，必须采用重复抽真空法，即第一次抽真空完毕后再连续抽30min以上。

**维修图解**

抽真空的具体操作如下（图4-15）。

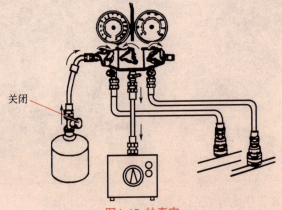

图4-15 抽真空

（1）将歧管压力计上的两根高、低压软管分别与压缩机上的高、低压阀接口相连，将歧管压力计上的中间软管与真空泵相连。

(2)打开歧管压力计上的手动高、低压阀,启动真空泵,并注视两个压力表,将系统压力抽真空至98.7~99.99kPa。

(3)关闭歧管压力计上的手动高、低压阀,看压力表指针显示的压力是否回升,有回升表示系统泄漏,此时应进行检漏和修补。若压力表指针保持不动,则打开手动高、低压阀,启动真空泵继续抽真空15~30min,使真空压力表指针稳定。

(4)关闭歧管压力计上的手动高、低压阀。

(5)关闭真空泵。先关闭手动高、低压阀然后关闭真空泵,目的是为了防止空气进入系统。

(2)歧管压力计在制冷剂初注中的使用。

对汽车空调进行充注之前,应弄清楚注入制冷剂的数量和种类。制冷剂的充入有两种方法。一种是从压缩机排气阀(高压阀)的旁通孔(多用通道)充注,称为高压端充注,充入的是制冷剂液体,其特点是安全、快速,适用于制冷系统第一次充注。但用该方法时要注意,充注时不能启动压缩机(发动机停转),且制冷剂罐要求倒立。另一种是从压缩机吸入阀(低压阀)的旁通孔(多用通道)充注,称为低压端充注,充入的是制冷剂气体,其特点是充注速度慢,可在系统补充制冷剂的情况下使用。

## 维修图解

制冷剂的初注步骤如下:

说明:下文图中所有的"数字/字母编号"代表歧管压力计组件,该编号为自拟。

(1)按前面所述的步骤安装歧管压力计。

(2)将SST(49 C061 004)的塞销端和SST(49 C061 001)的空气排泄阀相连(图4-16)。

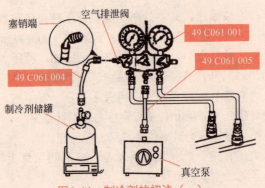

图4-16 制冷剂的初注（一）

（3）将SST（49 C061 005）与SST（49 C061 001）的中央接口相连（图4-16）。

（4）将SST（49 C061 005）和真空泵相连。

（5）将SST（49 C061 004）和制冷剂储罐相连。

（6）备适量制冷剂。

（7）如图4-17所示，将SST（49 C061 001）的所有阀门都打开。

注意：在关闭真空泵后应马上关闭SST阀门，否则，真空泵的机油会回流到制冷循环系统，从而造成空调系统的效率下降。

（8）开动真空泵15min。

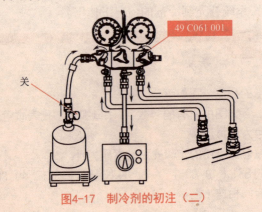

图4-17 制冷剂的初注（二）

（9）确认高低压端的读数（例如读数为-101kPa）。如图4-18所示，关闭SST（49 C061 001）的每一个阀门。

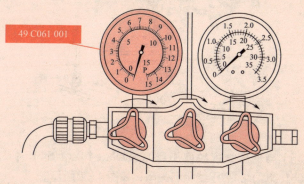

图4-18　制冷剂的初注（三）

（10）关闭真空泵并等待5min。

（11）检查SST（49 C061 001）的高低压端的读数。如果读数改变，检查是否泄漏，然后从步骤（7）开始重新操作。如果读数未变，进行下一步。

（12）将制冷剂储罐的阀门打开。

（13）称量储罐的重量。

注意：在检查泄漏时，如果制冷系统加注了大量的制冷剂，并且如果发生泄漏时，制冷剂会消散到大气中去。为了避免意外泄漏，以免破坏臭氧层，检查泄漏情况时，应当正确按照步骤进行，并且只充注少量的制冷剂。

如果用储罐为系统充液时，在高压端阀门打开的情况下运转发动机是危险的，储罐内部的压力会增大，从而发生爆炸。这会使金属碎片和制冷剂四处飞溅，造成严重的人身伤害，因此不要在发动机运转时打开高压阀。

（14）如图4-19所示，将SST（49 C061 001）的高压端打至全开。如制冷剂采用罐装，应将制冷剂罐倒立，以便从高压侧充注液态的制冷剂。

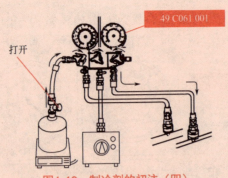

图4-19 制冷剂的初注（四）

（15）当低压端读数增加到0.098MPa（1.0kgf/cm）时，将SST（49 C061 001）的高压端阀门关闭，如图4-20所示。

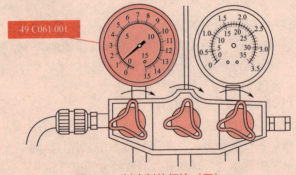

图4-20 制冷剂的初注（五）

（16）用SST（制冷剂泄漏探测器）检查冷却管/软管间有无泄漏。如果没有泄漏，执行步骤（17）。如果发现因插头连接不紧而有泄漏时，拧紧插头，重新检查泄漏。如果同一接口处还有泄漏，先排出制冷剂，然后修理插头，从步骤（7）开始重新加注。如果拧紧后无泄漏，执行步骤（17）。

（17）将SST（49 C061 001）的高压端阀门打开，如图4-21所示，开始加注，直到储罐的重量从步骤（13）中的重量下降了300g时为止。

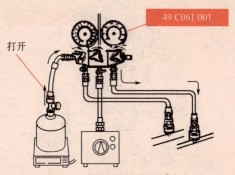

图4-21 制冷剂的初注（六）

（18）关闭SST（49 C061 001）的高压阀门，如图4-22所示。

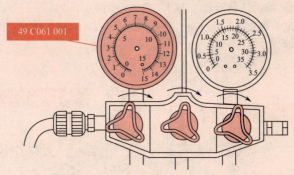

图4-22 制冷剂的初注（七）

（19）启动发动机，开启A/C压缩机。

（20）将SST（49 C061 001）的低压端阀门打开，如图4-23所示，开始加注，直到制冷剂储罐的重量达到步骤（13）的规定量为止。

（21）关闭SST（49 C061 001）的低压端和制冷剂储罐的阀门。

（22）关闭发动机和A/C压缩机。

（23）用SST（气体泄漏探测器）检查是否有泄漏。如果没有泄漏，执行步骤（24）。如果发现因插头连接不紧且有泄漏时，拧紧接头，重新检查泄漏。如果同一接口处还有泄漏，先排出制冷

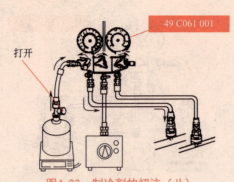

图4-23 制冷剂的初注（八）

剂，然后修理插头。从步骤（7）开始重新进行加注。如果拧紧插头后无泄漏，执行步骤（24）。

（24）将SST（49 C061 006A和49 C061 007）和加注口分离，如图4-24所示。

（25）将加注口外盖盖上。

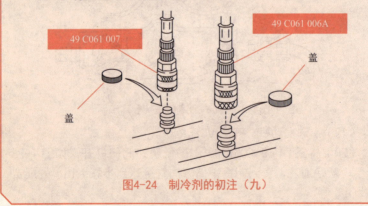

图4-24 制冷剂的初注（九）

（3）歧管压力计在制冷剂补充中的使用。

对于汽车空调制冷系统来说，实际中，制冷系统在应用了一定时间后需要对制冷剂进行添加是正常的，不一定要进行零部件的更换。同时要注意在给系统加注制冷剂时，不要超过规定的量，否则将会降低空调的工作效率，并会损坏循环系统。

## 维修图解

制冷剂的加注步骤如下：
（1）安装SST（歧管压力计）。
（2）将SST（49 C061 004）的塞销端和SST（49 C061 001）的空气排泄阀相连（图4-25）。

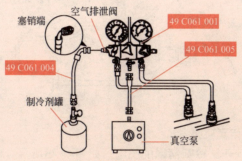

图4-25 制冷剂补充（一）

（3）将SST（49 C061 005）与SST（49 C061 001）的中央接口相连。
（4）将SST（49 C061 005）和真空泵相连。
（5）将SST（49 C061 004）和制冷剂罐相连。
（6）只将SST（49 C061 001）的中央阀门打开，如图4-26所示。

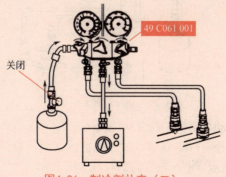

图4-26 制冷剂补充（二）

(7)开动真空泵1min,目的是为了抽净软管内的空气,以防止空气进入制冷系统内。

(8)关闭SST(49 C061 001)中央阀门,如图4-27所示。

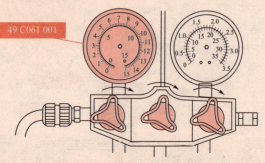

图4-27 制冷剂补充(三)

(9)关闭真空泵。

(10)打开制冷剂储罐的阀门,如图4-28所示。再拧开歧管压力计软管一端的螺母,让气体溢出几分钟,把空气赶走,然后再拧紧螺母。

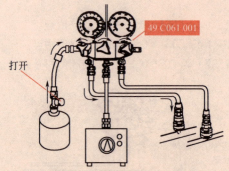

图4-28 制冷剂补充(四)

(11)启动发动机,开启A/C压缩机。

(12)将SST(49 C061 001)的低压端阀门打开。利用压缩机产生的低压吸入制冷剂罐内的气态的制冷剂。

（13）参照制冷剂的检查来补充制冷剂。检查制冷系统内制冷剂的多少的检测方法将在下文中介绍。

（14）关闭SST（49 C061 001）的低压端阀门和制冷剂储罐的阀门。

（15）关闭发动机和A/C压缩机。

（16）将SST（49 C061 006A和49 C061 007）和加注口分离。

（17）将加注口外盖盖上。

（4）排放制冷剂。

在实际维修中，如果制冷剂没办法回收，就需要排放制冷剂。慢慢地打开高压阀进行降压，高压表大概在0.35MPa以下时再打开低压阀，至无压力为止。

## 8 空调系统的泄漏测试

（1）电子检漏仪　电子检漏仪是应用比较多的一种设备。电子检漏仪的工作原理是：在它的内部有一对电极，阳极由白金做成。当制冷剂流过两极之间，两极之间的电流会增大，以此为信号就可检测出制冷系统的泄漏情况。

（2）压力检漏　采用的方法是向制冷系统充入空气（最好为氮气，因为氮气无水分），然后用肥皂水检漏，如果有泄漏，泄漏处会出现肥皂泡。这也是一种传统比较有效的检测方法。

加压测试泄漏时，首先应正确连接歧管压力。在正确把软管接到在压缩机的高、低压的检修阀之后，打开高低压检修阀，向系统中充入干燥氮气，其压力在1.5MPa左右。当系统达到规定压力后，用肥皂液涂抹在系统各个连接处和焊接处，仔细观察有无泄漏，泄漏大的地方有微小的声音，并出现大的泡沫，泄漏小的地方，则间断出现小的泡沫，所以检漏必须仔细，并反复检查几次，发现渗漏处要应做记号并及时加以修复，然后再去试其他接头处，直至渗漏彻底消除。

## 十、空调故障排除

### 1 空调压缩机反复吸合故障

（1）故障现象　开空调后空调压缩机反复吸合，没有制冷效果。

（2）检查分析　连接压力表，打开空调开关，高压压力急剧升高，空调压缩机被切断，当压力下降空调压缩机又被吸合。

（3）故障原因　通过现象分析故障的根本原因是由空调压力开关起保护造成。一种是冷凝器堵塞、不能正常散热就会导致该故障。一种是风扇故障导致冷凝器散热出问题。

### 2 空调制冷效果差故障

（1）故障现象　帕萨特B5轿车怠速时空调制冷效果很差，正常行驶中制冷效果比怠速时候有明显改善。

（2）检查分析　连接压力表检查高低侧管路内的压力，发现低压和高压的压力都高，造成压力高的原因可能是制冷剂过多或散热不好。

1）该车冷凝器为新的，可排除。

2）检查发现电子小风扇在高速运转，而且是向后抽风，这表明电子风扇运转正常。

3）检查大风扇时发现风扇运转时往后抽的风很小，说明风扇存在问题。

（3）故障排除　更换风扇，检查空调系统的压力，低压为2.1bar，高压为13.5bar，空调工作正常。

### 3 空调系统不制冷故障

（1）故障现象　一辆雪佛兰科鲁兹没有冷风。

（2）故障检查　造成空调压缩机离合器不工作的原因有：

1）环境温度低于1℃；

2）发动机温度高于124℃；

3）空调高压侧压力超出安全范围；

4）蒸发器温度低于3℃；

5）发动机怠速时，发动机控制单元检测到节气门位置信号超出设定范围；

6）发动机控制单元检测到怠速转速超出设定范围。

诊断仪进入该车系统查看相关数据，发现蒸发器温度传感器显示温度为106℃，不在正常范围，其他相关数据都正常。故障为蒸发器温度传感器回路，故障码B3933，说明蒸发器温度传感器已经损坏。

（3）故障排除　更换蒸发器温度传感器后，清除故障码。启动发动机，打开空调开关，压缩机离合器正常工作。用温度计测试出风口温度为6℃，在正常范围内。

## 第二节　发动机电子控制系统

### 一、发动机电子控制系统组成

发机电控系统，又称发动机管理系统或者发动机集中控制系统，就是将多项目控制集中在一个动力控制模块PCM或发动机控制单元ECU上完成，共用传感器。其主要组成都可分为信号输入装置、电子控制单元（ECU）和执行元件三部分。发动机电控系统见图4-29。

#### 1 信号输入装置

信号输入装置由各种传感器组成，用于采集控制系统所需的信息，并将其转换成电信号通过线路输送给ECU。

常用的传感器有：空气流量计、进气管绝对压力传感器、节气门位置传感器、凸轮轴位置传感器、曲轴位置传感器、进气温度传感器、冷却液温度传感器、车速传感器、爆燃传感器、启动开关、空调开关、挡位开关、制动灯开关等。

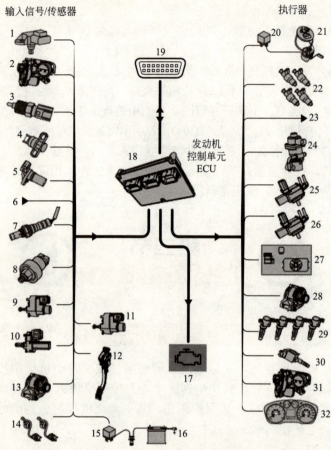

图4-29 发动机电子控制系统

1—温度与歧管绝对压力（T-MAP）传感器；2—电子进气歧管阀内的节气门位置（TP）传感器；3—发动机冷却液温度（ECT）传感器；4—曲轴位置（CKP）传感器；5—凸轮轴位置（CMP）传感器；6—环境温度传感器；7—加热式含氧传感器（HO2S）；8—动力转向压力（PSP）开关；9—制动灯开关；10—离合器踏板位置（CPP）开关；11—制动踏板位置（BPP）开关；12—油门踏板位置（APP）传感器；13—发电机（输入信号）；14—爆震传感器（KS）传感器；15—电力供应继电器；16—蓄电池；17—故障指示灯（MIL）；18—动力控制模块（PCM）；19—数据连接接头（DLC）；20—燃油泵继电器；21—燃油泵；22—喷油嘴；23—被动式防盗系统（PATS）LED；24—废气再循环（EGR）步进电机；25—电磁阀进气歧管切换系统；26—涡流板电磁阀；27—空调（A/C）压缩机；28—发电机（输出信号）；29—直接点火线圈；30—EVAP电磁阀；31—电子空气切断节气门；32—仪表板

## 2 电子控制单元（ECU）

给传感器提供参考电压，接受传感器或其他装置输入的电信号，并对所接受的信号进行存储、计算和分析处理，根据计算和分析的结果向执行元件发出指令。

## 3 执行元件

受ECU控制，具体执行某项控制功能的装置。常用的执行元件有：喷油器、点火线圈、怠速控制阀、EGR阀、炭罐电磁阀、燃油泵、节气门控制电机、二次空气喷射阀、仪表显示器等。

## 二、发动机电控系统电源

### 1 发动机控制单元的常供电源

发动机控制单元的常供电源一般由保险盒内的某一熔丝为发动机控制单元的某两端提供常电源，该电源为发动机控制单元的存储器供电，用于记忆发动机故障信息。如果该供电不正常，将导致发动机控制单元无法工作，会使得发动机无法启动。

### 2 发动机控制单元的点火开关电源

有保险盒内的某熔丝为发动机控制单元通过电源。在打开点火开关后，输出电源到发动机控制单元的某端。发动机控制单元在该供电的控制下，进入工作状态，向发动机电控系统的传感器输出5V电压的电源，如果没有5V电压或者其他非正常电压，将导致发动机不正常工作，甚至使发动机无法启动。

在发动机正在运行时，发动机控制单元监测相关某端子上的电压。当电压低于11V时，将设置表示系统电压过低的故障码。当电压高于16V时，将设置表示系统电压过高故障码。

### 3 燃油泵继电器

在打开点火开关后，发动机控制单元即通过其相关某端分两路输出控制电压,使燃油泵继电器动作,一路通过相关熔丝向燃油泵电动机供电,另一路通过相关熔丝向点火线圈和废气再循环阀供电。如果2s后发动机控制单元没有收到曲轴位置传感器(CKP)的基准脉冲信号,也就是说发动机没有启动,那么发动机控制单元就切断相关端输出的电压,停止对燃油泵电动机、点火线圈和废气再循环阀供电。如果燃油泵继电器不工作,将导致发动机不能启动。

## 三、发动机控制单元

### 1 发动机控制单元简述

发动机电子控制系统由发动机控制单元、传感器和执行器三个部分组成。发动机控制单元(ECU)是汽车发动机控制系统的核

**维修图解**

发动机控制单元(图4-30)接收来自发动机各种传感器的信息,在发动机的运行中,监测电控系统各种输入、输出信号的状态,当信号不符合规定的标准状态时,就被视为故障状态,并把故障的信息存储在故障存储器中。这些故障通过维修用故障诊断仪来读取故障码和显示故障码含义,为检修故障提供信息和依据,帮助解决实际故障问题。

图4-30 发动机控制单元

心，它可以根据发动机的不同工况，向发动机提供最佳空燃比的混合气和最佳点火时间，使发动机始终处在最佳工作状态，发动机的性能（动力性、经济型、排放性）达到最佳。

## 2 发动机机控制单元（ECU）的主要功能

（1）燃油喷射控制。

1）喷油量控制。发动机控制单元（ECU）将进气量和发动机负荷作为主要控制信号，以确定基本喷油量，并根据发动机冷却液温度、进气温度、进气压力、排气氧含量等信号修正喷油量，最后确定实际喷油量。根据发动机各缸的点火顺序，将喷油时间控制在最佳时刻，以使燃油充分燃烧。

2）断油控制。减速断油控制：汽车在正常行驶中，驾驶员突然松开油门踏板时，ECU自动中断燃油喷射，直至发动机转速下降到设定的低转速时再恢复喷油。超速断油控制：当发动机转速超过安全转速或汽车车速超过设定的最高车速时，ECU自动中断喷油，直至发动机转速低于安全转速一定值且车速低于最高车速一定值时恢复喷油。

3）燃油泵控制。当打开点火开关后，ECU控制燃油泵工作3s，用于建立必要的油压。在发动机启动和运转过程中，ECU控制燃油泵正常运转。

4）闭环控制。理想空燃比：为使汽油和氧气全部进行化学反应（全部燃烧）的空气与燃油比例，理想空燃比（A/F）=14.7kg/1kg=14.7。

闭环控制：闭环控制是指在排气管内加装氧传感器，根据排气中含氧量的变化，对进入气缸内的可燃混合气的空燃比进行测定，并不断与设定值进行比较，根据比较的结果修正喷油量，最终使空燃比保持在设定值的附近。

目前车辆一般采用的闭环控制，为了使三元催化器对排气净化处理的效果达到最佳，空燃比控制的设定值只能在14.7附近，因此对启动、暖机、加速、怠速、大负荷等需要供给浓混合气的运行工况还需要采用开环控制，以确保发动机具有良好的动力性以及运转的稳定性。

(2）点火控制。

1）点火提前角控制。发动机运转时，ECU根据发动机的转速和负荷信号，计算相应工况下的点火提前角，并根据发动机的水温、进气温度、节气门位置、爆震信号等修正点火提前角，最后得到一个最佳的点火正时。ECU控制点火线圈的初级通电，在到达点火正时角时，ECU切断点火线圈初级电流并在次级线圈中感应出高压电使相应气缸的火花塞跳火，点燃混合气。

2）通电时间（闭合角）控制。点火线圈初级电路在断开时需要保证足够大的电流，以使次级线圈产生足够高的电压。与此同时，为防止通电时间过长而使点火线圈过热损坏，ECU根据蓄电池电压及发动机转速等信号，控制点火线圈初级电路的通电时间。

3）爆震控制。ECU接收到爆震传感器输入的信号后，对该信号进行处理并判断是否即将产生爆震。当检测到爆震信号后，ECU及时推迟发动机点火提前角，避免爆震产生。

（3）怠速控制。

怠速是指发动机在发动机对外无功率输出负荷情况下的稳定运转状态。怠速转速过高，会增加燃油消耗量。通常发动机输出功率时，其转速是由驾驶员通过节气门踏板改变节气门的位置，调节气缸进气量来实现的。但在怠速，驾驶员已放松节气门踏板，驾驶员对进气量的调节已无能为力，为此发动机控制系统负责对怠速转速的控制。

怠速转速控制的实质是对怠速时进气量、喷油量、点火提前角的控制，通过对三者的调节，以达到适合各工况的稳定转速。一般由发动机控制单元对怠速进行控制包括：启动后的控制，暖机过程的控制，负荷变化的控制，减速时的控制。

（4）排放控制。

ECU根据氧传感器输入的信号，对喷油量进行修正，实现空燃比的反馈控制，使混合气的空燃比接近理论空燃比，三元催化转换器能更有效地起净化作用，使有害气体的排放量降到最低。

（5）车载自诊断。

1）故障报警。当发动机电子控制系统出现故障时，ECU点亮仪表盘上的故障指示灯，提醒驾驶员发动机已出现故障。

2)故障记录。当发动机电子控制系统出现故障时,ECU将故障以代码的形式存储在ECU的存储器中。

(6)CAN总线接口。

发动机ECU预留CAN通信接口,以便与车内其他电子控制单元通过CAN总线方式进行数据通信,形成车内局域网。

## 四、主要传感器和信号装置

### 1 空气流量传感器

(1)空气流量传感器的作用 空气流量传感器,也称空气流量计,安装在进气管道上,用来检测发动机进气量大小,并将进气量转变成1～5V信号输入到ECU,以供ECU计算喷油量和点火时间。

(2)热膜式空气流量传感器 热膜式空气流量传感器应用广泛,热膜式空气流量传感器发热元件采用平面形铂金属膜电阻器,故称为热膜电阻。在空气流量传感器内部的进气通道上设有一个矩形护套,热膜电阻设在护套中,在护套的空气入口侧设有空气过滤层,用以过滤空气中的污物。

在热膜电阻附近设有温度补偿电阻,温度补偿电阻和热膜电阻成电桥控制电路,控制电路与线束插接器插座连接。控制原理与热线式空气流量传感器相同。

### 维修图解

大众车系使用的空气流量计,属"L"形热膜式空气流量计,安装在空气滤清器壳体与进气软管之间,其核心部件是流量传感元件和热电阻(均为铂膜式电阻)组合在一起构成的热膜电阻。在传感器内部的进气通道上设有一个矩形护套,相当于取样管,热膜电阻设在护套中。空气流量传感器见图4-31。

图4-31 空气流量传感器
1—线束插座；2—混合电路盒；3—温度补偿电阻；
4—外壳；5—金属滤网；6—导流格栅

（3）空气流量传感器检测　热膜式空气流量传感器的检测主要是检测电源电压、信号电压及线束的导通性。

### 维修图解

（1）检测电源电压　关闭点火开关，拔下空气流量传感器的插头，启动发动机。首先用万用表测量插头的端子2与搭铁间的电压值，标准值为12V。然后用万用表测量插头端子4与搭铁间的电压值，标准值应为5V。

（2）检测信号电压　拆下空气滤清器，接通点火开关，即置于"ON"位置，但不启动发动机。用万用表的电压挡测量空气流量传感器插头中的端子5与端子3之间的电压值，用"+"表笔插入空气流量传感器5号（正信号线）端子线束中，"-"表笔插入3号（负信号线）端子的线束中。该电压标准值在大于2.0V小于4.0V范围附近。如果向流量传感器空气入口吹气（可以用普通电吹风），电压应该有变化。如果信号电压不变化，说明空气流量传感器失效，应当更换。

（3）导通性检测　如图4-32所示，空气流量计插头和发动机控制单元之间端子的连接有电阻值的：3和12，4和11，5和13。它们之间的电阻值应该小于1Ω。

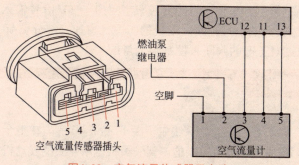

图4-32 空气流量传感器及电路
1—脚空；2—脚为12V；3—脚为ECU内搭铁；4—脚为5V参考电压；
5—脚为传感器信号（怠速5脚电压为1.4V；急加速时为2.8V）

## 维修案例

（1）故障概述 空气流量传感器信号不准确导致的加速不良。

（2）检查分析 执行故障诊断仪检测，发现发动机怠速负荷偏大，负荷变化主要根据空气流量的变化而调整，怠速负荷偏大说明空气流量传感器计量信号不准。

数据流显示部分负荷下氧传感器加浓调整，怠速时偏稀调整，也说明喷油量因错误信号而减少，混合气过稀，进行加浓调整。当加速踏板踩到底时，测量空气流量信号最大值仅为40g/s，拔下空气流量计，喷油脉宽提高，动力明显提升。

（3）故障确定和排除 根据上述故障诊断仪检测结果，可判断空气流量计信号不准确。更换空气流量计，故障排除。

## 2 节气门位置传感器

节气门位置传感器安装在节气门体上，与节气门轴相连，通过加速踏板操纵节气门的开度，节气门开度大小的变化与加速踏板的变化是一致的。当汽车起步或加速时，节气门需迅速打开，进气歧管压力传感器或空气流量传感器将进气歧管内空气的增加量，节气门位置传感器将节气门的开度转换为0～5V信号输入到ECU，ECU根据输入的信号判断发动机的工况（怠速、部分负荷、全负荷等），通过对工况的判断来控制喷油量的大小。

## 维修图解

在电子节气门控制系统中（图4-33），节气门在整个调整范围内都是由一个电机控制的。驾驶员根据所需要的发动机动力踩下加速踏板。传感器记录下加速踏板的位置并将该信息传递给发动机控制单元。发动机控制单元现在将对应于驾驶员输入的信号传递给节气门定位器，定位器将节气门转动到相应的角度。

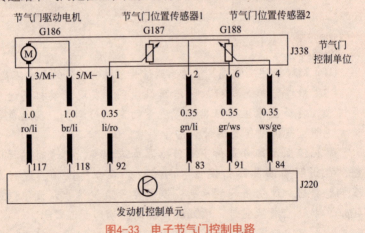

图4-33 电子节气门控制电路

### 3 冷却液温度传感器

（1）冷却液温度传感器作用。

冷却液传感器是一种NTC热敏式负温度系数传感器，用于检测发动机冷却液温度,并将此信号输送到发动机的电子控制单元(ECU),作为燃油喷射系统和点火正时的修正信号,用于空燃比、点火及其他控制系统的控制信号。

**维修图解**

  发动机冷却液温度传感器(图4-34)向发动机控制单元(ECU)输入发动机冷却液的温度,也就是发动机的温度。ECU利用接收的信息改变点火提前角,并根据发动机温度改变燃油喷射量,通常当发动机冷却液温度传感器显示2.7V的值,相当于40℃时,在氧传感器的"闭环控制"内使用。

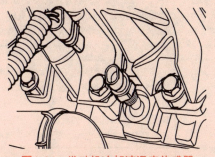

图4-34 发动机冷却液温度传感器

  (2)冷却液温度传感器检测。
  线路电压检测如下。
  1)拔下传感器线束插头,打开点火开关,测量插头上的电压,应为5V左右。
  2)测量电脑端的输出电压,也应为5V。
  3)将线束插头接好,启动发动机,将发动机逐渐升温,测量传感器侧两端子之间的电压,应在0.5~4V之间变化,温度越低时电压越高,温度越高时电压越低。
  传感器线路检测如下。
  拔下冷却液温度传感器线束插接器及发动机控制单元端子,测量两个端子与电脑相应端子之间有无断路,对地有无短路,是否阻值过大等故障,否则应维修或更换相关线束。

(3)故障码设置及影响见表4-2。

表4-2 故障码设置及影响(通用别克)

| 故障码 | 故障码说明 | 故障设置内容 |
|---|---|---|
| P0117 | 冷却液温度传感器信号电压过低 | 在发动机运行时间大于60s后,如果发动机电脑发现冷却液温度高于149℃,就设置故障码P0117,点亮故障指示灯,控制两个冷却风扇电动机都高速旋转,在发动机运行的前60s内,发动机电脑默认发动机冷却液温度为20℃,然后默认为92℃,诊断仪不显示默认值 |
| P0118 | 冷却液温度传感器信号电压过高 | 在发动机运行时间大于90s后,如果发动机电脑发现冷却液温度低于-38℃,就设置故障码P0118,点亮故障指示灯,控制两个冷却风扇电动机都高速旋转,在发动机运行的前60s内,发动机电脑默认发动机冷却液温度为20℃,然后默认为92℃,诊断仪不显示默认值 |
| P0115 | 冷却液温度传感器信号卡滞 | 在发动机运行时间大于60s后,并且未设置故障码P0117、P0118时,如果冷却液温度低于3℃,电脑设置故障码P0115,点亮故障指示灯,控制两个冷却风扇电动机都高速旋转,在发动机运行的前60s内,发动机电脑默认发动机冷却液温度为20℃,然后默认为92℃,诊断仪不显示默认值 |
| P0217 | 冷却液温度超出规定值 | 在发动机运行时间大于60s,进气温度小于35℃,通风条件良好,未设置故障码P0117、P0118、P0122、P0123、P0502、P0562、P0563,发动机冷却液的实际温度在50~107℃之间的前提条件下,如果发动机在启动后冷却液温低于45℃,将设置故障码P0217,点亮故障指示灯,控制两个冷却风扇电动机都高速旋转,在发动机运行的前60s内,发动机电脑默认发动机冷却液温度为20℃,然后默认为92℃,诊断仪不显示默认值 |
| P1114 | 冷却液温度传感器信号电压间断性过低 | 在发动机运行时间大于60s后,如果发动机电脑发现冷却液温度间断性高于149℃,就设置故障码P1114,故障指示灯不亮 |
| P1115 | 冷却液温度传感器信号电压间断性过高 | 在发动机运行时间大于90s后,如果发动机电脑发现冷却液温度间断性低于-38℃,就设置故障码P1115,故障指示灯不亮 |

## 4 进气温度传感器

（1）进气温度传感器作用　进气温度传感器是一种NTC热敏式负温度系数传感器，其作用是将进入气罐的空气温度转变电信号输入到ECU，以便根据进气温度的变化调节喷油量的大小。

### 维修图解

进气温度传感器（图4-35）通常安装在空气流量计内或者空气滤清器之后的进气管上，是用来检测进气温度的，提供给ECU作为计算空气密度的依据。进气温度传感器（IAT）用其电阻值来控制ECU的电压信号。

图4-35　进气温度传感器

（2）信号控制　发动机控制单元根据进气温度传感器的电压信号计算进气的温度值。如果温度越低，传感器电阻就越大，产生的信号电压就越高；如果温度越高，传感器电阻就越小，产生的信号电压就越低。发动机控制单元根据进气温度传感器的电压信号，计算进气密度，用来修正喷油基准时间和点火提前角。当进气歧管的温度较低时，进气温度信号还用于控制点火正时。

由于空气的密度随着温度的变化而变化，因此，为了保持较为准确的空燃比，发动机ECU以20℃时的空气密度为标准，根据实际测得的进气温度信号，修正偏移量。温度低时候增加喷油量，温度高时减少喷油量,幅度在10%左右。

(3) 进气温度传感器故障影响 如果进气温度传感器损坏而发动机能正常启动,但排气管冒黑烟,混合气过浓。进气温度是ECU修整供油量的重要参数,传感器提供不准确信息,势必使混合气浓度不能随工况而相应变化。

### 5 曲轴位置传感器

(1) 曲轴位置传感器的作用和安装位置 曲轴位置传感器是发动机电子控制系统中最主要的传感器之一,作为喷油和点火控制的信号,它提供点火提前角,确认曲轴位置的信号,用于检测活塞上止点、曲轴转角及发动机转速。

#### 维修图解

曲轴位置传感器(图4-36)和发动机转速传感器为一体,用于发动机曲轴位置、活塞上止点位置的检测,也可测定发动机转速。曲轴位置传感器一般安装在曲轴前端,飞轮的变速器壳体上(离合器壳/飞轮壳)。

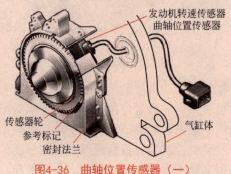

图4-36 曲轴位置传感器(一)

(2) 曲轴位置传感器故障原理 曲轴位置传感器(CKP)是一个磁感应式传感器,曲轴上的靶轮有58个齿槽,每个间隔6°,最后一个槽较宽,用于生成同步脉冲,当曲轴转动时,变磁阻转子中的槽将改变传感器的磁场，产生一个感应电压脉冲，用来识别曲轴转动方向。曲轴每转一周，曲轴位置传感器就产生58个基准脉冲信号。发动机控制单元就根据58X基准信号计算发动机转速和曲轴的位置，这是发动机控制单元控制点火时刻的重要信号。

### 维修图解

由于曲轴脉冲轮上缺2个齿，发动机控制单元可以识别1缸和4缸上止点的位置，但是不能分辨1缸和4缸中的哪一缸是压缩行程上止点。当发动机启动时，为了点火，需要正确识别1缸压缩行程上止点位置，控制单元要将曲轴位置传感器信号与安装在凸轮轴上的凸轮轴位置传感器信号进行比对。如果发动机的控制单元没有接收到转速信号，发动机不能启动或在运行中立即停止运转。曲轴位置传感器见图4-37。

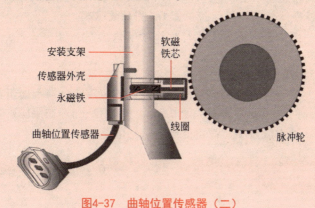

图4-37 曲轴位置传感器（二）

（3）曲轴位置传感器故障影响　如果曲轴位置传感器损坏，发动机控制单元在启动时就不能接收到基准信号，点火线圈不会产生高压电。在打开点火开关的2s后，如果没有启动发动机，发动机控制单元就切断对燃油泵继电器的控制电压，停止对燃油泵、点火线圈供电，导致车辆无法启动。

## 维修案例

(1) 故障概述　宝来轿车，行车中出现发动机自行熄火。

(2) 检查分析　执行故障诊断仪检测，有偶发性故障码17939，意思是凸轮轴调整断路。经检查，凸轮轴位置传感器和进气相位电磁阀都没有问题。

发动机熄火的主要常见原因有2种，一是燃油泵继电器触点瞬间断开，再一是曲轴位置传感器（转速传感器）信号瞬间中断。但该车如果是汽油泵继电器故障会出现"故障码17949，燃油泵继电器线圈短路"，或者其他相关执行元件故障。

(3) 故障点确定和排除　发动机转速传感器电阻值标定范围为730～1000Ω，其实经过长时间的使用，电阻值要高于这个数值，车热时电阻值会增大，这样就会导致交变电压信号变弱，以至于发动机控制单元不能识别，就没办法确定喷油和点火时刻，所以会导致熄火。瞬间中断信号熄火，控制单元不一定能够存储发动机转速传感器16705的故障码。

更换转速传感器，执行故障诊断仪检测和试车正常，故障排除。

(4) 曲轴位置传感器检修　检查曲轴位置传感器与脉冲轮（靶轮）之间的正常间隙应在大于0.5mm小于1.2mm，如果脉冲轮安装不正确，过大或过小，都可能产生信号偏差。

## 案例图解

通用别克曲轴位置传感器检测。

(1) 关闭点火开关，断开曲轴位置传感器插头，测量传感器的1端与2端之间应有400～600Ω（图4-38）。如果不在此数值范围，可判定曲轴位置传感器本身存在故障，应更换传感器。曲轴位置传感器的两根信号线与屏蔽线是绝缘的。

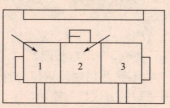

测量传感器的1端与2端之间电阻

图4-38 别克凯越1.6L曲轴位置传感器插头

（2）如图4-9所示，打开点火开关，测量两根信号线对搭铁电压应为1.4V，这是发动机控制单元在信号线上的预置电压。在开动启动机时，测量曲轴位置传感器的信号电压应接近1.6V。如果传感器内部、信号线路、发动机控制单元内部开路或短路，都会造成电脑无法接收曲轴位置信号，从而引起发动机无法启动。

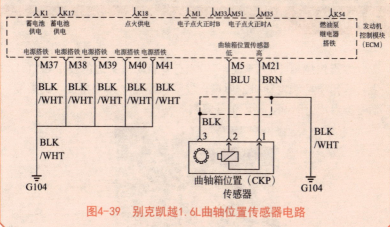

图4-39 别克凯越1.6L曲轴位置传感器电路

## 6 凸轮轴位置传感器

（1）凸轮轴位置传感器作用  为了顺序喷射和对各个气缸进行爆燃控制，需要凸轮轴位置传感器信号，凸轮轴位置传感器波形依据是凸轮轴位置传感器的信号，发动机控制单元就可识别1缸压缩行程上止点，并根据点火顺序，相应确定了喷射顺序，同时对各个气缸进行爆燃控制。启动时，凸轮轴位置传感器的信号用于确定首次点火。

（2）凸轮轴位置传感器故障影响　发动机电脑根据凸轮轴位置信号和曲轴位置信号，控制4个气缸按照1、3、4、2的顺序进行喷油。当发动机电脑接收不到凸轮轴位置信号时，就按照1、4缸同时喷射，2、3缸同时喷射的方式控制喷油。因为点火线圈产生双火花，所以发动机仍能启动并运转，此时爆燃控制关闭，点火提前角推迟，输出功率下降。

### 7 爆震传感器

（1）爆震传感器作用　爆震传感器检测气缸有无爆震信号，将信号输送给ECU，当检测到爆震信号后，ECU立即推迟发动机点火提前角，避免爆震产生。

#### 维修图解

爆震传感器（KS）(图4-40）安装启动机旁边的发动机缸体上，它用于检测发动机的爆震，发动机控制单元根据接收的爆震信号推迟点火时间，从而消除爆震。

图4-40　爆震传感器安装在气缸体上

（2）爆震传感器检测　爆震传感器在发动机振动时产生交流信号，在发动机没有爆震时，交流信号电压约为0V。爆震传感器信号的振幅和频率由发动机的爆震强度决定，信号电压一般在0.3～5V。

发动机控制单元内含有一个爆震滤波器模块，能够把来自爆震传感器的信号与发动机正常噪声信号进行比较，噪声信号的大小是发动机控制单元已知的，并且取决于发动机转速和负荷。通过比较，如果偏差过大，就判定发动机发生了爆震，从而精确判定爆震状况。

## 案例图解

别克某车型轿车压电式爆震传感器的检测。

（1）检测传感器的电阻值：关闭点火开关，拔下传感器的1芯插头，用万用表电阻挡测量1芯插头与传感器外壳之间的电阻，此值应为∞；否则，说明传感器已损坏，应及时更换。

（2）检测传感器的信号电压：拔下传感器的导线插头，当发动机怠速运转时，用示波器检测爆震传感器的信号端子与搭铁端子之间是否有脉冲波形电压的输出。若没有，则说明传感器有故障，应及时进行更换。

爆震传感器电路见图4-41。

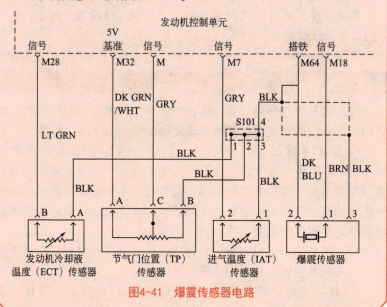

图4-41 爆震传感器电路

（3）爆震传感器故障影响　当爆震将要发生前无法提供爆震信号时，发动机控制单元接收不到信号"峰值"不能减少点火提前角，而发生爆震。

安装爆燃传感器时，一定要按照规定力矩标准拧紧螺栓，否则，有可能发动机电控单元采集不到爆燃传感器信号而导致发动机加油迟缓等故障。

> **维修案例**
>
> （1）故障概述　捷达CIX，爆震传感器故障导致加速无力。
>
> （2）故障检查　执行故障诊断仪检测，检测发动机控制单元存储故障码"16712，爆燃传感器1-G61电路高电平输入，为偶发性"。
>
> 实测正常加速时，数据流中的爆震传感器反馈电压值已超过1V，相应地点火提前角也推迟10°左右，检查传感器安装转矩也正常。
>
> （3）故障确定和排除　由上述检查，可判定爆震传感器本身出现故障。更换爆震传感器1-G61，诊断仪检测，试车，一切正常，故障排除。

## 8 氧传感器

（1）氧传感器作用　氧传感器按结构原理不同，可分为氧化锆式和氧化钛式两种类型。氧传感器安装在三元催化器转换器上。

根据氧传感器的电压信号，发动机ECU按照尽可能接近14.7：1的理论最佳空燃比来稀释或加浓混合气。因此氧传感器是电子控制燃油计量的关键传感器，它是提供混合器浓度信息，用于修正喷油量，实现对空燃比的闭环控制，保证发动机实际的空燃比接近理论空燃比的主要元件。

（2）氧传感器工况判断　氧传感器通过电压变化幅度和变化频率可以来判断空燃比和氧传感器的好坏。

1）燃烧良好：氧传感器电压应该在0.4～0.6V之间变化。变化频率应该在10次/min以上,一般这样良好的燃烧,会在10～20次/min。

2)瞬间混合气过浓活过稀:氧传感器电压是在0.1～0.9V之间变化,但这时变化频率只有6～8次/min,氧传感器有可能不灵敏,或者可能是喷油器泄油或者喷油器堵塞,所以发动机ECU就对喷油量调节幅度增大。

## 维修图解

氧传感器输出电压特征(图4-42)

(1)理论空燃比 (空燃比)A/F=14.7:1($\lambda$=1)。

(2)浓混合气 当实际空燃比小于理论空燃比时,称混合气为浓混合气。当混合气变浓,即排气中氧含量的浓度降低($\lambda$<1),氧传感器的输出电压信号接近1V。

(3)稀混合气 当实际空燃比大于理论空燃比时,称混合气为稀混合气。当混合气变稀,即排气中氧含量的浓度升高($\lambda$>1),氧传感器的输出电压信号将接近0V。

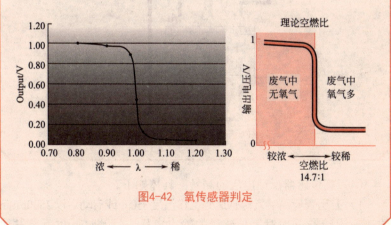

图4-42 氧传感器判定

(3)氧传感器电路 见图4-43。

**维修图解**

大众捷达某车型氧传感器控制。

氧传感器G39电路如图4-43所示,加热器由燃油泵继电器J17供电,发动机启动后对加热器通电,以便迅速达到工作温度。氧传感器G39大约从300℃开始产生信号,温度低信号频率低,温度高信号频率高,但温度高于850℃会损坏氧传感器。控制单元根据氧传感器信号修正喷油器的喷油时间,使混合气的λ等于1。λ调节可以自学习,不断有新的λ学习值出现,也不断围绕学习值进行系数调节。若G39信号中断,λ调节不再起作用,此时控制单元执行最后一次λ自学习值。

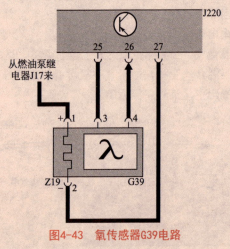

图4-43 氧传感器G39电路

(4)氧传感器反馈电压的测量 具体如下。

1)万用表检测:氧传感达到工作温度350℃或启动后以2500r/min的转速运转3min,对氧传感器的输出电压进行测试,也就是发动机热车至正常工作温度且稳定运转时,接线正常情况下用万用表检测氧传感器信号线(灰色和黑色)间电压应在0.1～0.9V跳变周期内快速波动。

2)用故障诊断仪检测:将发动机热车至正常工作温度,观察"氧传感器电压"项显示数值应在0.1~0.9V跳变周期内快速波动。

> **维修图解**

用电压判断氧传感器故障。

(1)使用氧化锆加热型氧传感器,混合汽在接近理论空燃比时,输出0.45V电压。

(2)尾气稍微偏浓时,输出电压就突变为0.6~0.9V。

(3)尾气变稀后,输出电压突变为0.3~0.1V。

(4)电压值为0V、0.4~0.5V、1.1V的恒定值时,说明氧传感器线路出现故障。

氧传感器波形见图4-44。

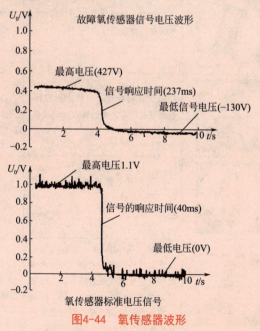

**图4-44 氧传感器波形**

(5) 氧传感器加热器电阻的检查　用万用表电阻挡（欧姆挡）测量氧传感器接线端中加热电阻接柱（白色）与搭铁接柱（白色）之间的电阻，其阻值为20℃时是1～6Ω或12Ω（具体车型和参数要参考车型手册）。电阻值若为∞，则是加热电阻烧断，如果不符合标准，应更换氧传感器。

(6) 氧传感器故障影响　具体如下。

1) 直观辨别氧传感器中毒见表4-3。

表4-3　辨别氧传感器中毒

| 状态 | 相对的比较 | 中毒原因 | 直观的特征 |
| --- | --- | --- | --- |
| 正常 | | 无中毒 | 表面没有附着杂质，保护管无残留，颜色呈晦暗色 |
| 机油污染 | | 保护管表面覆上一层白色或灰黑色油状的沉积物 | 保护管表面覆上一层白色或灰黑色油状的沉积物 |
| 硅中毒 | | 硅化合物存在于一些密封材料、润滑剂及防冻剂中的腐蚀抑制成分 | 保护管沉积物颜色介于亮白色和颗粒状的浅灰色之间 |
| 防冻剂污染 | | 防冻剂从气缸盖处泄漏至发动机，进行燃烧 | 表面看好像附着一层污垢 |
| 铅中毒 | | 使用了含铅汽油；含铅汽油会损害氧传感器和三元催化器；大多数的氧传感器经过含铅汽油的侵蚀后，使用里程数会急剧下降；经常使用含铅汽油的汽车，即使是新的氧传感器，也只能工作几千千米 | 保护管表面有发亮的生锈层 |

2）氧传感器失效影响。氧传感器出现故障会怠速不稳，耗量过大。氧传感器损坏明显导致发动机动力不足，加速迟缓，排气冒黑烟。

### 维修图解 1

例如，某捷达轿车怠速不稳定，排气管放黑烟。

（1）执行故障诊断仪检测，发现有故障码"00525，即氧传感器无信号"。

（2）读取数据流，发现氧传感器电压在0.45V不变化。这样电压没有变化，说明氧传感器信号中断，就直接可以判断氧传感器损坏。

（3）更换氧传感器，排除故障。

氧传感器见图4-45。

图4-45 氧传感器（一）

### 维修图解 2

（1）故障概述 宝来1.6L，氧传感器损坏导致燃油消耗高（图4-46）。

（2）检查和分析 具体如下。

1）检测发动机控制单元存储故障码"16518，氧传感器不工作"，读取数据块中氧传感器信号电压，怠速时变化太慢。

2）使用尾气分析仪，测量怠速尾气：HC为$248\times10^{-6}$%，CO为2.8%；测量高怠速尾气：HC为$150\times10^{-6}$%，CO为0.58%，测量表明CO、HC都高于正常值。

3）读取数据块，喷油脉宽为2.4～2.7ms，吸入空气量2.4～2.7g/s，冷却液温度和进气温度正常。测量氧传感器信号线、加热线正常，测量加热电压也正常。

（3）故障确定和排除 当拆下氧传感器时发现，传感器半边为棕色，半边为黑色，判断氧传感器中毒，故障点确定。更换氧传感器，启动发动机，此前的故障码排除，测量怠速尾气：CO为0.1%，HC为$9\times10^{-6}$%，$CO_2$为14.8%，$O_2$为0.02%，各项数据均合格。跟踪记录，燃油消耗正常。

（4）导致故障根本原因 检测结果推断该车产生故障的原因是劣质汽油导致氧传感器损坏。含有杂质的劣质汽油不能充分燃烧，直接造成排气不畅，尾气不达标，发动机工作不稳定，加速无力，油耗升高。如果加油后出现加速挫车、急加速回火、爆震等现象，有时候发动机故障灯会点亮，就应考虑可能是伪劣汽油的问题。

图4-46 氧传感器（二）

第四章 进阶的入门维修

（7）氧传感器的更换　拆卸和氧传感器通常要使用专用套筒扳手。

**维修图解**

1）笔者建议拆卸传感器时候断开蓄电池负极。
2）松开并断开热氧传感器连接器的连接。
3）用专用套筒扳手从前排气管上取下热氧传感器（图4-47）。

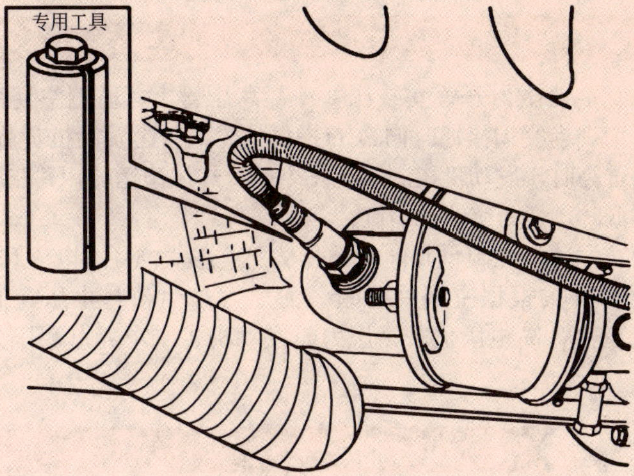

图4-47　拆卸氧传感器（氧传感器安装在三元催化器上）

## 9 宽带氧传感器

　　宽带氧传感器是在传统氧传感器的基础上增加了可改变排气中氧含量的氧泵，它能够提供准确的空燃比反馈信号，当此信号发送给发动机ECU时，就可以精确地控制喷油时间，使气缸内混合气浓度始终保持理论空燃比值；当此信号通过波形表示出来，就可以诊断发动机的故障。

## 10 空燃比传感器

以前氧传感器只可能检测到排出气体中氧浓度高低，而空燃比传感器（A/F传感器）不但能检测出排出气体中氧的浓度高低，同时也可以正确地检测出实际的空燃比状况，采用了这种传感器，不但可以控制高精度的空燃比，同时可以显著地减少燃料费用以及有害气体的排出。

本田汽车大多数使用是空燃比传感器。空燃比传感器外观上与氧传感器没有区别，与其主要不同是在用扩散层。

## 11 空调压力开关

（1）空调压力开关安装在制冷剂高压管上，监测空调循环系统的压力。当空调接通时向ECU提供信号，告之发动机负荷增加。当压力过高时，发动机控制单元发令使冷却风扇运转，并在压力过高或过低时，切断空调压缩机。

（2）发动机控制单元向空调压力开关提供5V的电压和搭铁，空调压力开关根据空调循环系统的压力产生信号电压，低电压代表低压力，高电压代表高压力。发动机控制单元监测压力信号电压。

## 五、执行器

## 1 电动燃油泵

（1）电动燃油泵作用　电动燃油泵的主要任务是供给燃油系统足够的具有规定压力的汽油。ECU通过控制燃油泵继电器来控制电动燃油泵的启动/停止。

（2）电动燃油泵运行电路　燃油泵（总成）在燃油箱内，只要发动机工作使发动机控制单元接收到来自曲轴位置（CKP）传感器的基准脉冲信号，控制单元就通过其相关端输出控制电压，使燃油泵继电器动作，其输出电压再通过保险丝盒向燃油泵电动机供电，燃油泵开始工作，燃油系统输送压力燃油。

## 维修图解

（1）燃油泵继电器动作电路　发动机控制单元K54端→1号蓝/绿色线→发动机保险丝盒（此时，保险丝盒内C106/10端→燃油泵继电器85号和86号角→保险丝盒的C106/19端）→2号黑色线→搭铁线。

（2）燃油泵工作电路　发动机保险丝盒（此时，保险丝盒内BAT电源→燃油泵继电器30和87号角→保险丝Ef15→保险丝盒C101/3端）→3号灰色线→燃油泵电动机→4号黑色线→搭铁。

别克凯越1.6/1.8L燃油系统电路见图4-48。

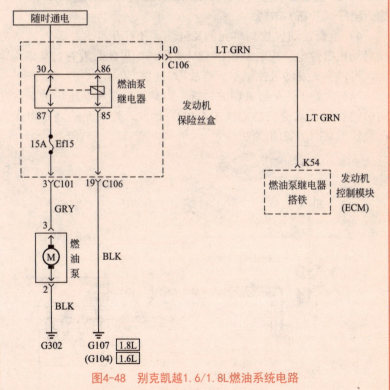

图4-48　别克凯越1.6/1.8L燃油系统电路

(3) 燃油泵电动机故障检查 具体如下。

1) 点燃燃油泵，工作时应有泵转动声音，如果在点火开关打开时，燃油泵没有"嗡嗡"的工作声音，则要进行进一步检查。用测试灯测量燃油泵保险丝，在打开点火开关的2s内，应有12V电压，否则，检查燃油泵继电器和相关电路。燃油泵继电器及相关电路正常的情况下，燃油泵没有运转声音，也没有输出油压，这可以判定燃油泵本身已经损坏，应更换燃油泵。

2) 在燃油泵熔丝满足测试要求时，继续测试油箱燃油泵插头的3端的灰色线，应与燃油泵熔丝有相同的测试结果，即在打开点火开关的2s内，应有12V电压。

3) 测量燃油泵插头2端的黑色线，应与搭铁导通，如果不通，检查电路（开路）故障。

4) 检查发动机控制单元的K54端，在打开点火开关2s内或启动启动机时继电器应能够输出12V电压，如果此时没有12V电压输出，可以判定发动机控制单元有故障。

(4) 大众TSI发动机燃油系统 电动燃油泵和高压燃油泵按发动机的实际需求提供燃油（图4-49）。因此，燃油泵的功率可保持在最低，从而节省的燃油。

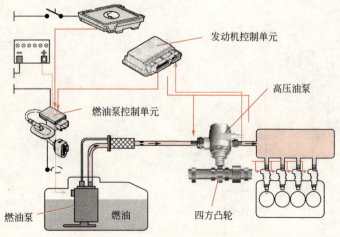

图4-49 TSI发动机燃油系统

1)低压燃油系统。燃油泵控制单元通过一个PWM信号调节电动燃油泵的工作的6V电压,从而调节输油量。为此,来自发动机控制单元的PWM信号传递到燃油泵控制单元。改变输送率是电动燃油泵的功能之一。低压燃油系统维持400kPa的恒压。

2)高压燃油系统见图4-50。根据发动机的负荷需求,高压燃油系统的压力可在3500~10000V之间任意调节。高压燃油系统的主要部件包括:带燃油压力调节阀N276和集成限压阀的高压燃油泵、高压燃油管路、燃油分配器管路、燃油压力传感器G247、喷油嘴N30~N33。

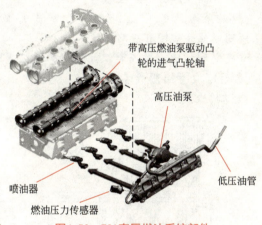

图4-50 TSI高压燃油系统部件

在打开高压燃油系统前必须释放燃油压力。以前可通过断开调节阀的插头来完成,不工作的调节阀一打开,就会释放燃油压力。但在1.4L TFSI发动机中,调节阀不工作时是关闭的,因此不能通过断开插头来降低燃油压力。

3)燃油压力传感器。燃油压力传感器用于测量高压燃油系统的燃油压力。该信号由发动机控制单元接收并处理,然后通过燃油压力调节阀对燃油分配管的压力进行调节。如果燃油压力传感器检测到燃油压力不用再调节,或者传感器本身出现故障,那么燃油压力调节阀会在压缩过程中持续触发并保持打开状态,使燃油压力降到500kPa,发动机的扭矩和功率急剧降低。

## 维修案例

（1）故障概述　新宝来，燃油泵故障导致不启动，启动车辆，没有着车迹象。

（2）检查诊断　操作如下。

1）执行故障诊断仪检测，控制单元存储4个故障码：

"16645，喷油器N30对搭铁短路"；

"16648，喷油器N31对搭铁短路"；

"16651，喷油器N32对搭铁短路"；

"16654，喷油器N33对搭铁短路"。

2）检查燃油泵熔丝发现熔丝已熔断，测量工作电流达到10A以上，说明燃油泵线圈有短路故障。

（3）故障确定和排除　燃油泵熔丝同时为喷油器和燃油泵供电，控制单元监控喷油器收不到电压。更换燃油泵保险丝（图4-51），故障排除。

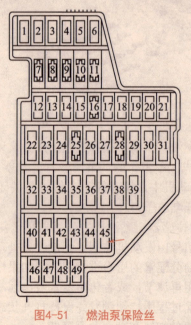

图4-51　燃油泵保险丝

## 2 喷油器

（1）喷油器作用　喷油器是发动机电控油喷射系统的一个关键的执行器，它接受ECU送来的喷油脉冲信号，喷油脉冲宽度决定喷油器针阀的开启时间，即决定喷油量大小。

（2）喷油器检测　操作如下。

1）用传统的方法测试喷油器。检查喷油器外部线束的连接可靠性，接着用试灯检视。将12V的试灯接在喷油器插接器两个端子之间，然后启动发动机，观察试灯的闪亮变化情况，若试灯闪亮，则表明喷油器控制电路连接正常，否则说明线路或电脑（ECU）有故障。试灯要视喷油器线圈电阻型号而选用。

2）听喷油器的通电动作声音。喷油器单体性能的好坏，可通过单独向喷油器供电的方法进行单体检测。将12V电源接入喷油器接线座的一个端子上，另一端子搭铁后再断开，如此重复，此时监听喷油器的动作响声。如果每次在搭铁时，能听到喷油器发出的清脆"咔嗒"声，则表明喷油器通电良好，否则应判断喷油器有故障，需进行更换。

3）断油（缸）测试。发动机在怠速工况状态下逐一拔下与喷油器接线座相连的插接器时，发动机转速有明显下降的感觉，则判断该喷油器性能良好，如果发动机转速和性能没有任何变化或变化极微弱，则该喷油器出现故障。

逐缸断火测试，用测量CO浓度的变化，以便判断哪一个喷油器漏油。因为某缸断火时，被压缩的混合气没有燃烧就排出来，应该是HC浓度增加，CO值基本不变化。而漏油的喷油器是决定CO浓度的主要喷油器，如果断火的那一缸测出CO值下降较明显，则说明缸的喷油器漏油。

4）喷油器电磁线圈阻值测量。首先断开点火开关，使用万用表的欧姆挡检查喷油器两个接线端子之间的电阻值，看其是否与标称电阻值相符。但必须注意不同车型所配用喷油器的型号不相同，一般情况下电流驱动型的喷油器的电阻值在3Ω左右，而电压驱动型的喷油器的电阻值为11～13Ω。如果检测的电阻值相差与参考值很大那么可以判断喷油器出现故障。

（3）喷油器电路　高电阻抗型喷油器是用12V电压驱动，其电磁线圈电阻较大，约为12～16Ω，高电阻喷油器由于电流小，使用可靠，现代车型被广泛应用。捷达车喷油器就属于高电阻喷油器，如果某个喷油器不工作，那么很可能发生冷启动性能差，怠速不稳，加速性能下降，功率下降。

### 维修图解

捷达喷油器控制电路（图4-52）。

喷油器电磁线圈的1号针连接 +12V，2号针通过控制单元接地，控制单元按点火顺序控制4只喷油器电磁线圈接地并控制接地的持续时间，执行不同的喷油量。蓄电池电压波动会对喷油量精确性带来影响，因为电压低会使开启时间过程增加，电压高会使喷油器开启时间减小，控制单元会根据蓄电池电压自动补偿开启时间。

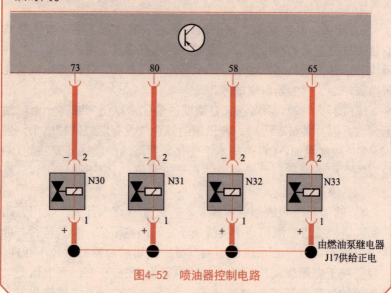

图4-52　喷油器控制电路

（4）TSI发动机燃油系统喷油器  喷油器是电控燃油喷射系统中一个重要的执行元件，在ECU的控制下，将汽油呈雾状喷入进气歧管内或气缸内。

发动机采用孔高压喷油器（图4-53），可在节气门全开时或在预热催化转化器阶段的双喷射过程中，避免油束覆盖整个活塞顶部。因此，混合气更为适合，大大降低了碳氢化合物的排放。当发动机冷却时，高压喷油嘴可减少机油中夹带的燃油。

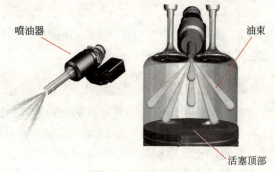

图4-53  喷油器

喷油器内部有一个电磁线圈，经线束与电脑连接。喷油器头部的针阀与衔铁连接为一体。当电磁线圈通电时，便产生吸力，将衔铁和针阀吸起，打开喷孔，燃油经针阀头部的轴针与喷孔之间的环形间隙高速喷出，并被粉碎成雾状。电磁线圈不通电时，磁力消失，弹簧将衔铁和针阀下压，关闭喷孔，停止喷油。一般喷油器针阀升程约为0.1mm，喷油时间持续在2～10ms范围内。喷油器堵塞和积炭都会大大地影响了喷油器性能。

### 维修案例

（1）故障概述  迈腾直喷发动机，喷油器积炭导致发动机加速无力。

（2）检查和分析  检测发动机控制单元，存储故障码"00369，气缸列1系统过稀"；"08213，进气歧管风门位置传感器范围/性能"。这两个皆为偶发故障。读取数据流喷油脉宽1.28ms，较正常值1.02ms偏大。数据流32组显示负荷状态22.7%。喷油压力正常，数据流说明发生该故障的可能原因是燃油油质不良、喷油器堵塞。

（3）故障排除　检查该车故障为喷油器堵塞和积炭，清洗后故障排除。

### 3 点火线圈

由ECU控制点火线圈初级电流通断，并在次级线圈中感应出高压电使相应气缸的火花塞跳火，点燃混合气。

### 4 怠速控制阀

怠速控制阀的主要作用是控制发动机的怠速转速。ECU对发动机怠速的控制包括两个方面，一方面是发动机在正常怠速运转时稳定怠速转速，做到防止发动机熄火和降低油耗的目的；另一方面是在发动机怠速运转状态下，当发动机的负荷增加（例如接通空调、动力转向等）情况下，自动提高怠速转速，防止发动机因负荷增加而导致熄火。

### 5 活性炭罐电磁阀

ECU根据发动机冷却液温度、转速和负荷等信号，控制活性炭罐清污电磁阀的开启工作，回收燃油系统的汽油蒸气。

### 6 废气再循环阀

ECU控制废气再循环电磁阀的开启动作，使一定数量的废气进行再循环燃烧，以降低气罐燃烧温度，从而降低$NO_x$的产生。

废气再循环机械阀为真空膜片式EGR阀，由进气歧管真空度控制，真空膜片EGR阀由膜片、弹簧、排杆、锥形阀等组成，膜片上方是密闭的膜片室，进气歧管的真空与膜片室的真空入口相连，膜片推杆下部安装有锥形阀，没有真空作用到膜片室时，膜片上方的弹簧向下压迫膜片，这时锥形阀位于阀座上，EGR阀关闭。

当发动机启动后,进气歧管的真空作用到EGR阀上方的密闭膜片室,膜片推杆将克服弹簧的压力向上运动,带动锥形阀向上提起,EGR阀关闭,这时废气就可以从排气管进入进气歧管。

## 维修案例

(1)故障概述　宝来1.8T,EGR阀故障导致发动机加速慢,汽车行驶过程中踩下加速踏板加速缓慢,且发动机无力。

(2)检查和分析　具体如下。

1)执行故障诊断仪检测,发动机控制单元,存储1个故障码"17608,涡轮增压器空气再循环阀N249机械故障",清除故障码后试车,当发动机转速3000r/min时,故障码"17608"重现,测量空气再循环阀N249电阻值符合规定,再测量再循环阀的线路也正常。

2)发动机控制单元存储该故障码,应与检测到涡轮增压系统的增压压力不正常有关。检查与N249的真空管相连接的再循环机械阀,发现汽车急加速超过3000r/min时该机械阀有明显的"嘶嘶"漏气声音,这是漏气的再循环机械阀通入气压而发出的气流声音。拆下再循环机械阀,用嘴对准阀的进气口吹气,能比较明显地感觉到漏气。

(3)故障排除　更换再循环机械阀,路试,提速正常,再次检测发动机故障码消除,数据流正常。

## 六、点火系统

### 1 电子点火系统概述

电子点火系统采用双缸同时点火方式,1、4缸同时点火,2、3缸同时点火(4缸发动机)。在这类电子点火系统中,曲轴箱位置(CKP)传感器安装在曲轴前端或者曲轴后端的飞轮壳体上(变速器壳体上)。曲轴箱位置传感器向发动机控制模块发送基准脉冲。

然后，发动机控制模块触发电子点火系统点火线圈。当发动机控制模块触发电子点火系统点火线圈时，连接的两个火花塞同时点火。一个气缸处于压缩冲程，同时另一气缸处于排气冲程，因此处于排气冲程气缸的火花塞点火所需能量较少。从而，使其余高电压用来给处于压缩冲程气缸的火花塞点火。由于曲轴箱位置传感器处于固定位置，因此不可能，也不需要调整正时。

## 2 电子点火系统控制（表4-4）

表4-4　无分电器电控点火系统

| 分类 | 维修知识 | 图示/示意图 |
|---|---|---|
| 独立点火方式 | 每缸一个点火线圈，即点火线圈的数量与气缸数相等；由于每缸都有点火线圈，即使发动机转速很高，点火线圈也有较长的通电时间，可提供足够高的点火能量 | 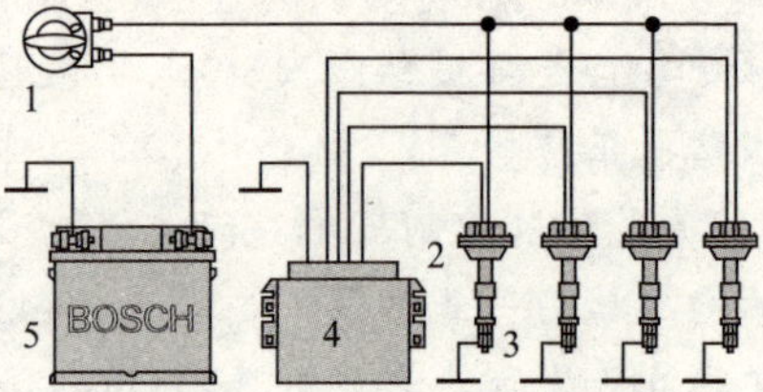 1—点火开关；2—点火线圈；3—火花塞；4—控制单元；5—蓄电池 |
| 同时点火方式 | 点火线圈的个数等于气缸数的一半。当两同步缸同时到达上止点时，火花塞跳火，其中一缸接近压缩行程上止点，为有效点火；另一缸接近排气行程上止点，为无效点火 | 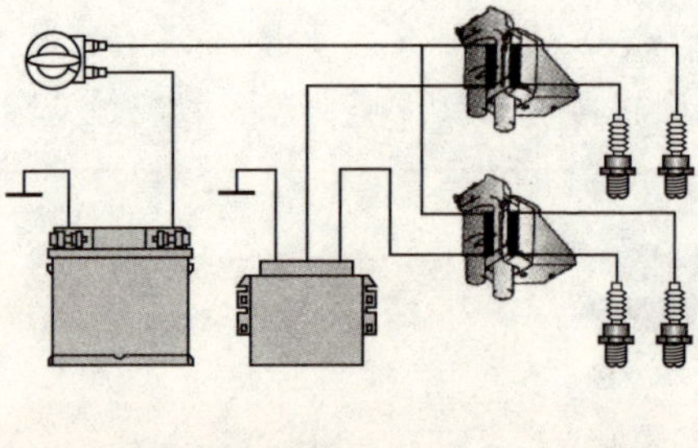 |

## 3 点火线圈

电控发动机中，点火线圈也称点火模块，一般有无分电器双缸点火线圈和独立点火线圈之分。

## 维修图解

无分电器双缸点火线圈。

无分电器双缸同时点火的二极管分配式点火线圈（图4-54），从外观看就是一个整体式线圈（图4-55）。内部初级绕组由两个晶体管分别控制搭铁，共用一根电源线；2组初级线圈共用1个次级绕组线圈，即1个线圈通过4个二极管控制4个火花塞，利用二极管的单向导电作用来分配高压火。

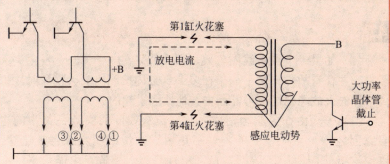

图4-54　无分电器双缸点火线圈示意图

图4-55　双缸点火线圈实物图（捷达）

### 维修图解

独立点火线圈见图4-56。

例如,宝来1.8T轿车点火系统装备独立式点火线圈,即点火线圈和输出放大器集成在一个部件上,每缸分配一个点火线圈,安装于各缸火花塞上方。

图4-56 独立点火线圈

### 4 点火线圈故障

(1)如果一个点火线圈失效,那么就只在一个气缸上发生失火现象,并存有故障记忆;如果在多个气缸内检测出失火现象时,那么这种失火故障记忆也可能是由其他原因引起的。

(2)失火由许多原因造成,独立点火线圈的失效是其中的主要原因之一。点火线圈的失效多是由于次级线圈绝缘层被击穿,致使次级线圈匝间、层间与极间出现短路,导致点火能量下降或根本没有输出,从而发生相应缸工作不良或不工作,使发动机产生抖动现象。

(3)点火线圈存在故障会致使火花能量下降或失火,引起发动机各气缸工作不平衡,导致发动机怠速不稳。

### 维修图解

例如,某宝来1.8T车辆,怠速不稳,开空调时发动机抖动严重。

(1)执行故障诊断仪检测,发现发动机控制单元存储故障码"1缸燃烧中断",发动机怠速时读取数据流,1缸断火次数达到几十次。

(2)根据检测可以说明1缸点火线圈导致的故障。

（3）更换1缸点火线圈，排除故障。执行故障诊断仪检测，发动机正常。

（4）故障根本原因：因为1缸点火组件存在故障，致使火花能量下降或失火，引起发动机各气缸工作不平衡，导致发动机怠速不稳。控制单元监视出缺缸，认为混合气过稀，λ进行加浓调整，当呈现混合气过浓状态时，λ又进行调整。打开空调后，控制单元为实现空调快怠速，进行节气门开度、点火提前角、喷油量的调整，当出现空气流量波动时，又介入调节，进而出现了更换不稳定的状态。

宝来1.8T点火线圈见图4-57。

图4-57　点火线圈（宝来1.8T）

## 5 点火线圈更换

（1）拆卸事项。

### 维修图解

（1）笔者建议拆卸点火线圈时断开蓄电池负极。

（2）取下发动机罩盖。

（3）如图4-58所示，拆下把线圈固定到左凸轮轴盖上的螺栓并拔出线圈。

（4）如图4-59所示，滑开背部的锁止夹，推下卡子，从线圈上断开连接器。

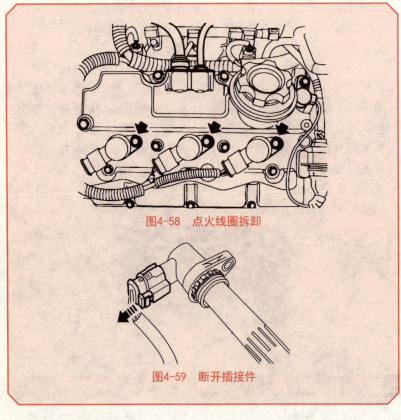

图4-58 点火线圈拆卸

图4-59 断开插接件

（2）安装事项如下。
1）把连接器连到线圈上并朝前滑开黄色的锁止夹。
2）把点火线圈插入到线圈安装孔中。
3）装上把线圈固定到左凸轮轴盖上的螺栓，并拧紧到10N·m。
4）装上发动机罩盖。
5）连上蓄电池的接地端。

## 6 火花塞

（1）火花塞类型　火花塞的规格尺寸是统一的，任何汽车上都可以通用，但由于汽油发动机类型有区别，因此火花塞也会分有冷型和热型。冷型与热型是相对而言，它反映了火花塞的热值性能。现代火花塞所涵盖的热值指数越来越多，也称为多热值火花塞。如图4-60所示。

### 维修图解

（1）冷型火花塞　火花塞裙部短、受热面积小、散热快，因此裙部温度低些，热值高，适用于高速、高压缩比的大功率发动机。高热值火花塞的绝缘体顶部相对较短，被火焰覆盖的表面积和气窝的容积小。另外由于散热途径较短，散热多，不易造成中心电极温度的上升。

（2）热型火花塞　火花塞裙部细长、受热面积大、散热慢，因此裙部温度高些，热值低，适用于中低速、低压缩比的小功率发动机。低热值火花塞绝缘体顶部较长，被火焰覆盖的表面积和气窝的容积大。另外由于从绝缘体根部到外壳散热较长，所以散热少，容易造成中心电极温度的上升。

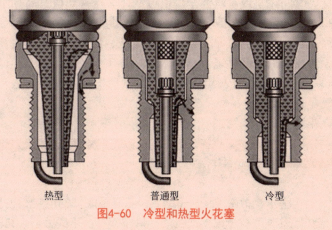

热型　　　普通型　　　冷型

图4-60　冷型和热型火花塞

（2）火花塞电极消耗　电极消耗量，是根据电极材质的熔点、强度、硬度而变化的。为了减少该消耗量，在电极中使用镍合金或白金、铱等材质,即使是很细小的电极也可以延长寿命(图4-61)。

图4-61 电极消耗

(3)火花塞故障 具体如下。

火花塞烧蚀:火花塞顶端有疤痕或破坏,电极出现熔化、烧蚀现象时,都表明火花塞已经毁坏,此时就应该更换火花塞。

1)电极熔化且绝缘体呈白色,这种现象表明燃烧室内温度过高,这可能是燃烧室内积炭过多,从而造成气门间隙过小,进一步引发排气门过热或是冷却装置工作不良造成的。

2)电极变圆且绝缘体结有疤痕,这种情况表明发动机早燃,可能是点火时间过早或者汽油辛烷值过低,火花塞热值过高等原因。

3)绝缘体顶端碎裂,一般来说,爆震燃烧是绝缘体破裂的主要原因,而点火时间过早、汽油辛烷值低、燃烧室内温度过高,都可能导致发动机爆震燃烧。

4)绝缘体顶端有灰黑色条纹,这种情况的出现表明火花塞已经漏气,必须更换。

火花塞上有沉积物。

### 维修图解

火花塞积炭故障(图4-62):火花塞绝缘体的顶端和电极间的积炭严重时可能造成发动机内部机械损坏。事实上,火花塞出现沉积物或者积炭只是一种直观的表面现象,这有可能是发动机相关电气或机械部件故障的信号,应及时维修。

图4-62 火花塞积炭

1）当火花塞上出现油性沉积物时，就表明润滑油已进入燃烧室内。如果只是个别火花塞上有油性沉积物，则可能是气门杆油封损坏造成的，但如果是各个缸体的火花塞都粘有这种沉积物，则表明汽缸出现蹿油气。

2）火花塞电极和内部有黑色沉积物，这种一般是积炭，一般是气缸内混合气体过浓所致。

## 7 点火性能影响

（1）点火提前角对发动机性能的影响。

1）点火提前角是从火花塞发出电火花，到该缸活塞运行至压缩上止点时曲轴转过的角度。

2）当汽油机保持节气门开度、转速以及混合气浓度一定时，汽油机功率和耗油率随点火提前角的改变而变化，对应于发动机每一工况都存在一个最佳点火提前角。

3）适当点火提前角，可使发动机每循环所做的机械功最多。

4）点火提前角过大，易爆燃。

5）点火提前角过小，排气温度升高，功率降低。

（2）影响点火提前角的因素。

1）发动机转速：转速升高，点火提前角增大。采用电控点火系统，更接近理想的点火提前角。

2）发动机负荷：发动机负荷低时，节气门开度小，气缸内残余废气相对新鲜混合气比例增加,混合气燃烧速度降低。因此,当低负荷时,最佳点火提前角要增大,反正,最佳点火提前角要减小。

3)燃油品质:汽油辛烷值越高,抗爆性越好,点火提前角可增大。

4)其他因素:燃烧室形状、燃烧室内温度、空燃比、大气压力、废气再循环、冷却水温度等。

## 8 常见的点火系统故障

(1)点火故障。

低压电路常见故障:

1)蓄电池存电不足;

2)线连接不良;

3)蓄电池搭铁不良;

4)传感器损坏;

5)点火开关损坏或接线不良。

高压电路常见的故障:

1)高压线脱落或漏电;

2)火花塞电极间隙过大或过小;

3)火花塞积炭过多;

4)火花塞绝缘体损坏;

5)点火线圈损坏。

(2)点火时间过早。

1)怠速运转不平稳,易熄火。

2)加速时,发动机有严重的爆燃声。

(3)点火过迟,消音器声响沉重、急加速回火、发动机冷却液温度较高、汽车行驶无力。

(4)火花塞故障。

(5)发动机回火和放炮。

(6)发动机爆震和过热。爆震现象多数是因点火提前角过大造成的。在爆震情况下,点火提前角过于落后,点火太迟,发动机温度也会偏高。

## 维修案例

（1）故障概述　宝来1.8车辆，火花塞故障导致怠速游车，启动后发动机运转平稳，数分钟后，发动机开始怠速不稳，发动机转速在500～960r/min之间。

（2）检查和分析　具体如下。

1）执行故障诊断仪检测，发现发动机控制单元存储"氧传感器及曲轴箱通风阀故障"故障码，观察前λ调节值为-25%，λ电压为1.25～1.35V，有微小变化。

2）清除故障码后发动机运转平稳，λ调节正常。观察发动机运转情况，数分钟后λ调节值由+10%变化到-15%左右，汽车开始出现怠速不稳，发动机转速在500～960r/min之间。

3）关闭发动机重新启动，发动机运转平稳，5min后怠速抖动现象重现。检查火花塞发现电极积炭较多，其中1缸最为明显。

（3）故障排除　更换火花塞，执行故障诊断仪检测，发动机正常，故障排除。

（4）故障根本原因　如果火花塞或高压线存在故障会造成点火不良，发动机怠速转速偏离目标值，这时发动机控制单元通过调整喷油量、增大节气门开度来提高转速。由于喷油量的增加而使混合气过浓，氧传感器感知氧含量减少，λ调节值逐渐向-25%变动，发动机控制单元减少喷油量，使发动机转速调整得过低，所以发动机怠速在大范围内变动。

 ## 第三节　变速器电子控制系统

 ### 一、变速器多功能开关

变速器多功能挡位（TR）开关F125见图4-63。变速杆电缆把多功能挡位开关连接到变速杆上,多功能挡位开关把变速杆的机械运动转换为电信号,并把这些信号传送到变速器控制模块(TCM)J217。

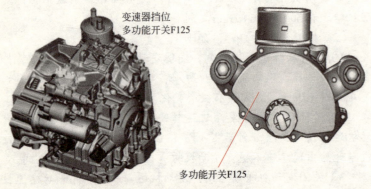

图4-63 变速器多功能挡位开关F125

### 维修图解

多功能开关是一个带6个滑动触点的机械式多路开关:4个开关用于换挡滑动位置,1个开关用于启动控制的位置P和N,1个倒车开关F41(图4-64)。

自动变速器控制单元J217根据多功能开关的位置开始自动换挡程序并控制防启动锁、倒车灯和换挡杆锁P/N功能。

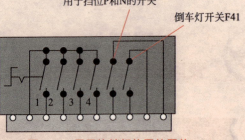

图4-64 用于换挡杆位置的开关1~4

## 维修图解

如图4-65所示，车载电源控制单元J519控制接地端15供电继电器，通过保险丝架C上的保险丝24和B613给自动变速器控制单元J217、多功能开关J125供电。

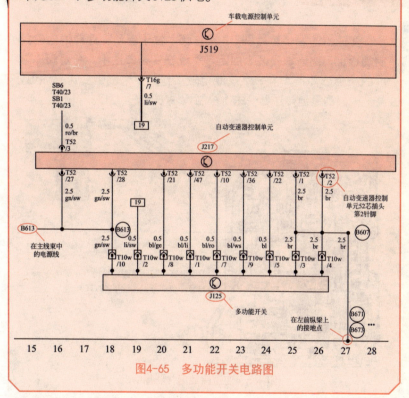

图4-65 多功能开关电路图

## 二、变速器油温传感器

### 1 结构功用

变速箱油温度传感器的信号主要用于：

（1）适应系统换挡压力和换挡过程中建立压力和释放压力；

（2）激活或解除暖机程序和变矩器锁止离合器等的温度依赖功能；

（3）在热车模式，变速器油温高时，激活变速器的保护功能。

## 维修图解

变速器油温传感器G93（图4-66）位于自动变速器油内的控制阀板上，由一块安装板固定，浸没在变速器油中。它是阀体总成的一个部件，作为一个热敏电阻工作，用来测量变速器油温，并把油温测量值传送到变速器控制模块（TCM）J217。

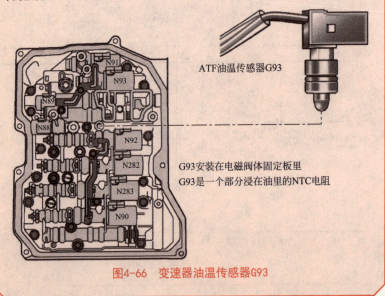

图4-66 变速器油温传感器G93

## 2 信号故障的影响

（1）变矩器锁止离合器没有调节操作，只能打开或闭合；没有适应的换挡压力，这通常会导致难以换挡。

（2）变速器油温传感器G93的负温度系数（NTC）热敏电阻有

特性关系。

（3）温度升高时，传感器阻力减小。

（4）为了防止变速器过热，超出定义的变速器油温范围时，触发相应的对策。

（5）对策1（约127℃）：利用动态换挡程序（DSP）功能，换挡特性曲线在更高转速下换挡。变矩器锁止离合器较早闭合，不再进行调整。

（6）对策2（约150℃）：发动机转矩减少。

## 三、变速器输入传感器

### 1 作用原理

**维修图解**

变速器输入传感器G182（图4-67）直接检测离合器K2的外摩擦片支架上的变速器输入速度（涡轮转速）的信号，它根据霍尔原理工作。

图4-67　输入转速传感器G182

### 2 信号利用

对于下列功能，变速器控制模块（TCM）J217需要精确的变速器输入转速。

（1）换挡的控制、适应和监测。

（2）变矩器锁止离合器调节和监测。

（3）换挡元件的诊断和发动机转速与变速器输出转速的可信度分析。

### 3 信号故障的影响

变矩器锁止离合器闭合。发动机转速用来替换变速器输入转速。

## 四、变速器输出传感器

### 1 作用原理

变速器输出转速传感器G195（图4-68）记录驻车锁止轮处的变速器输出转速，它也是根据霍尔原理工作。

#### 维修图解

驻车锁定轮是中间轴从动齿轮的组成部分。由于行星齿轮箱输出轴和中间轴之间的传动比，两个转速之间存在相应的关系。自动变速器控制单元J217根据编程的变速比计算出实际的变速器输出转速。

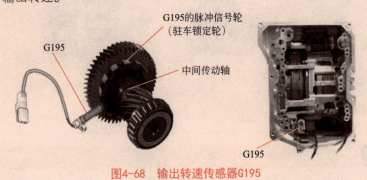

图4-68　输出转速传感器G195

## 2 信号利用

对电子控制变速器而言，变速器输出转速是最重要的信号之一，下列功能需要这个参数。

（1）选择换挡点。

（2）动态换挡程序DSP功能。

（3）诊断换挡元件，检查发动机转速和变速器输出转速的可信度。

## 3 信号故障的影响

ABS控制模块J104的转速信号替换了变速器输出转速。

## 五、电磁阀

大众6挡09G自动变速器系统电磁阀可分为带两个换挡位置的换挡电磁阀（开关电磁阀）和电动压力控制电磁阀（调压电磁阀）。

### 维修图解

N88、N89为换挡电磁阀，N90、N91、N92、N93、N282、N283为电动压力控制阀。换挡电磁阀是开关电磁阀，通过它们用自动变速器油（ATF）油压控制液压阀，从而打开或关闭自动变速器油的通道（图4-69）。

电动压力控制阀把电流成正比地转换成液压控制压力。

N90控制离合器K3的油压；

N91控制变矩器锁止离合器的油压；

N92控制离合器K1的油压；

N93控制主油路油压，在挡位变换过程中对离合器和制动器进行压力控制；

N282控制离合器K2的油压；

N283控制制动器B1的油压；

电磁阀N88和N89用于第4～6挡的换挡控制,并且在换挡过程中短暂地交替受控。此外N88和N89还在变速器手动/自动转换模式的第一挡中控制制动器B2,用于发动机制动。

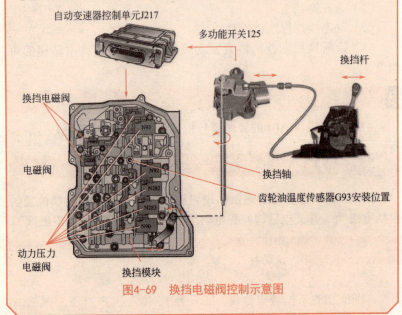

图4-69 换挡电磁阀控制示意图

## 案例图解

(1)故障概述 速腾轿车09G自动一体式电控变速器,换挡时还有剧烈的冲击感,并且出现故障时仪表上的挡位指示灯红屏,不显示挡位。

(2)检查和分析 具体如下。

第一步:执行故障诊断仪检测,发现1个故障码:电磁阀N92故障,是永久性故障。

N92故障码的设置条件主要有以下几种可能:

1）电磁阀本身线圈及性能故障；
2）电磁阀至ECU间的电线故障；
3）ECU本身故障。

第二步：结合电路图4-70所示，在变速器外部把电磁阀线束连接插头断开，用万用表对各电磁阀的线圈阻值数据一一进行测量，并与维修资料中的标准数据进行比较。

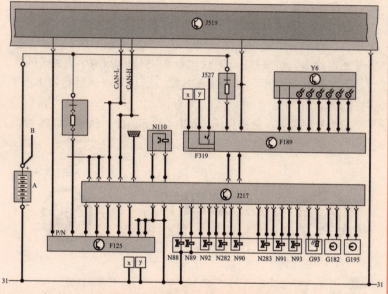

图4-70　09G自动变速器电路图

在09G自动变速器中共有8个执行器（电磁阀），其中N88、N89两个电磁阀为开关式，N92等6个电磁阀均为线性控制电磁阀，因此阻值都在同等范围，对N92测量后的结果是3.5～5.5Ω，属于正常范围。这样就可以可以判定电磁阀本身及到变速器外部的连接电路应该没有问题。

第三步：要检查变速器外部电磁阀插头至ECU间的连线是否存在问题。

根据电路图再次仔细测量ECU连线的接通情况，同时将电磁阀的线束插头重新插回去，直接从断开的ECU根部测量N92的线圈阻值，结果均在正常范围内。

经过上述2次检测，就可以排除电路故障。

第四步：可以怀疑ECU本身的问题，但实际维修中，不能轻易更换ECU，商业风险大，所以不确定ECU是否存在重大故障嫌疑前，不能轻易更换。

为进一步确定ECU是否存在问题，把变速器外边的电磁阀插头断开，这时候电磁阀是全部断开的，然后在这种情况下执行故障诊断仪检测，结果ECU此时只记录了N88和N93两个电磁阀的故障。正常时应该显示全部电磁阀故障，这样可以怀疑是ECU自身存在问题。

（3）故障排除　更换ECU，路试学习和匹配，故障得以排除。

## 第四节 底盘电子控制系统

### 一、ABS系统

如图4-71所示，ABS控制系统由电子控制单元、ABS传感器和执行元件组成。

#### 1 ABS控制单元

（1）ABS电子控制单元结构如下。

1）将液压控制单元（储液器、电动回液泵、电磁阀）与电子控制单元集成于一体。

2）电子控制单元内部设有故障存储器，随车带有故障诊断接

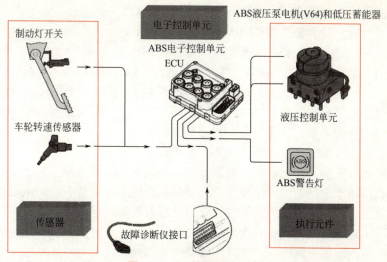

图4-71 ABS控制系统组成

口,借助诊断仪调取故障码可以很方便地进行故障诊断。

3)电子控制单元ECU中具有两个完全相同的微处理器,它们按照同样的程序对输入信号进行计算处理,并将最终结果进行比较,一旦发现最终结果不一致,即判定自身存在故障,它会自动关闭ABS,同时将仪表板上的ABS警告灯点亮。

(2)ABS电子控制单元作用如下。

1)ABS警报灯的功用是在ABS出现故障时,由ABS电脑控制其点亮,向驾驶员发出警报信号,并可由ABS电脑控制闪烁显示故障码。

2)在仪表板及仪表板附加部件上装有两个故障警示灯,一个是ABS警示灯(K47),另一个是制动装置警示灯(K118)。

3)打开点火开关后ABS警示灯亮约2s熄灭,说明自检结束的同时已启动ABS。若ABS警示灯常亮,说明ABS出现故障。

## 2 传感器

(1)传感器作用 轮速传感器,轮毂上有齿圈随车轮旋转,齿圈切割磁场产生交变电压,其频率随车轮转速变化而变化。交变电压作为车轮转速信号输送到控制单元（ECU）。

（2）检查和检测轮速传感器　具体如下。

1）如果轮速传感器损坏，电子控制单元接收不到转速信号，ABS系统将停止工作，并点亮ABS警告灯，此时车辆仅有常规制动。

2）轮速传感器的导线、插接器或传感头松动，电磁线圈等出现接触不良、断路、短路或脏污、间隙不正常，都会影响车轮转速传感器的工作，从而造成ABS系统工作异常。

（3）诊断测试　使点火开关处于OFF，将ABS电子控制单元插接器插头拆下，查出各传感器与电子控制单元连接的相应端子，在相应端子上用万用表电阻挡检测传感器线圈与其连接电路的电阻值是否正常。如果阻值无穷大，表明传感器线圈或连接电路有断路故障；如果电阻值很小，表明有短路故障，为了区分故障是在电磁线圈或在连接电路中，应拆下传感器插接器插头，用万用表电阻挡直接测试电磁线圈的阻值；如果所测阻值正常，表明传感器连接电路或插接器有故障，应修复或更换。

### 维修案例

（1）故障概述　新帕萨特ABS传感器线束故障引起的ABS、ASR及轮胎压力指示灯报警。

（2）故障检查　执行故障诊断仪检查，发现如下故障：

1）故障码53271，软件与防抱死系统不兼容，请读取故障码（静态）；

2）故障码06279，制动器控制单元发出的车轮转速车速信号不可靠信号（静态）；

3）故障码01325，轮胎压力监控器控制单元无信号/通信（静态）；

4）故障码00290，左后ABS车轮转速传感器G46电路电器故障（静态）；

5）故障码U111300，由于接受到故障而造成功能受限；

6）故障码01316，含义为ABS控制单元检查故障码存储器

（静态）。

（3）故障分析　经上述检测故障码，初步分析造成该故障的应该是制动器电子系统的左后ABS传感器、而造成ABS传感器出现故障的原因可能是传感器本身或控制单元到传感器之间的线束存短路/断路。

接通点火开关拔下左后ABS传感器插头，测量插头的1号针脚与2号针脚之间的电压，电压为0V；拔下右后ABS传感器插头测量电压约为12V电压，这表明传感器的线束存在故障。

（4）故障确定和排除　检查线束，发现后座椅下边的线束被挤压，造成短路，导致上述故障。修复故障线束，执行故障诊断仪清除故障码，故障灯熄灭，故障排除。

## 二、EBA系统

EBA是电子制动力辅助系统，如果属于非常紧急的制动，EBA此时就会指示制动系统产生更高的油压使ABS发挥作用，从而使制动力快速产生，减少制动距离。

EBA电子制动力辅助系统利用传感器感应驾驶者对制动踏板踩踏的力度与速度大小，然后通过电脑判断驾驶者此次的刹车意图。

在车辆行驶过程中，制动辅助系统会全程监测刹车踏板，一般正常刹车时该系统并不会介入，会让驾驶者自行决定刹车时的力度大小，但当其检测到驾驶人忽然以极快的速度和力量踩下刹车踏板时，会被判定为需要紧急制动，于是便会对刹车系统进行加压，以增强并产生最强大的刹车力道，让车辆及驾乘者能够迅速脱离险境。

## 三、电子驻车制动

EBP电子驻车制动系统就是取代传统拉杆手刹的电子手刹按钮，比传统的拉杆手刹更安全，不会因驾驶者的力度而改变制动效。

EPB系统的主要部件有控制单元、驻车制动电机及液压单元。EBP电子驻车制动系统电控系统见图4-72。

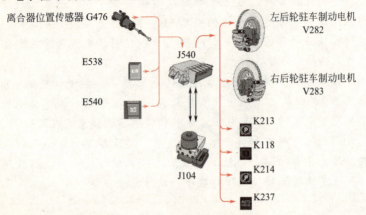

图4-72 EBP电子驻车制动系统

## 1 控制单元J540

控制单元安装在行李厢右侧的蓄电池的下方。从蓄电池开始，驻车制动左、右电机V282/283是单独控制的。在这个控制单元内装有两个处理器，驻车制动器松开的命令要由这两个处理器共同执行。该控制单元内还有一个微型倾斜角传感器。

## 2 液压单元

为了能在主动巡航控制的调节过程中降低噪声，就需要使用集成的抽吸式阻尼消音器，这些抽吸式阻尼消音器就是一些小腔，通过橡胶膜片来平息制动液的波动。这种经过改进的液压单元只用于带有主动巡航控制装置的车。

## 3 驻车制动电机

要想实现驻车制动功能，就必须得将驱动电机的旋转运动转换成制动活塞的一个非常小的直线往复运动，这就需要斜轴轮盘机构与螺杆驱动相结合才能实现。

### 维修案例

（1）故障概述　帕萨特，电子驻车指示灯偶尔报警，出现故障时关闭和打开点火开关，故障灯就能熄灭。

（2）故障检查　执行故障诊断仪检查，发现驻车制动器存在偶发性故障，故障码C100D12，左侧停车制动器电动机供电电压对正极短路。清除故障码暂时消除故障，数日后故障再次出现，检查故障码依然是C100D12。这样可以初步判断造成该故障的原因可能是控制单元有故障。拔下驻车控制单元的插头，检查没有出现进水的现象，检查线束也没有其他短路问题；左侧制动器电动机的偶发性故障概率很小，所以最后确定控制单元问题。

（3）故障排除　更换驻车控制单元。

## 四、自动驻车

### 1 概述

迈腾舒适型车型装备了AUTO HOLD（自动驻车）功能，在车辆停止或起步时提供辅助功能，可使车辆在等红灯或上下坡停车时自动启动四轮制动，即使在D挡或是N挡，也无需一直脚踩刹车或使用驻车制动来保证车辆始终处于静止状态。需要解除静止状态时，只需轻踩油门即可解除制动。

### 维修图解

AUTO HOLD功能由位于副仪表台中央控制面板上单独的开关操作。当按下AUTO HOLD开关并且该功能被激活时，开关内的工作警报灯点亮，此时便会启动相应的自动驻车功能。

激活AUTO HOLD功能前必须保证：驾驶员侧车门关闭，系好安全带并且发动机处于运转状态。其中侧车门关闭和系好安全带是为了保障驾驶员始终控制AUTO HOLD功能，发动机运转则是为了保证电子控制系统有足够的动力产生，这样EPB电子驻车制动系统电控单元在所有的状态下都能提供安全驻车。只有车辆在静止时才能有效激活该功能，车辆行驶中或倒车时系统不起作用。

AUTO HOLD开关见图4-73。

图4-73　AUTO HOLD开关

### 2 自动驻车与EPB的区别

（1）EPB的驻车制动是通过按下驻车制动开关并且在驻车制动被激活时工作的，EPB电控单元控制位于两后轮上的电子驻车制动电机工作，施加一定的制动力，此时位于驻车制动开关内电子机械驻车制动警报灯呈点亮状态。

（2）AUTO HOLD的自动驻车实现的是，只要按下AUTO HOLD开关并且激活该功能，电子自动驻车制动功能便会全程自动控制。如果在暂时停车后想继续前行，系统能够识别，制动会自动的释放，熄火后会自动转换到电子手刹驻车制动。因此驾驶员无需使用停车制动。

### 3 动态启动辅助

动态启动辅助功能使驾驶员可以无振动地、平顺地将停驻的车辆启动,而不必分阶段地释放停车制动。例如在车辆启动时需要同时操作离合器和油门的动作即可省略。

动态启动辅助功能借助对五个所需的重要参数来实现平顺起步,这五个参数分别为倾斜角度、发动机扭矩、加速踏板位置、离合器踏板位置和行车方向。

### 维修图解

只要驾驶员启动车辆并且车辆前进的力矩超过驻车制动控制单元计算出的向后力矩,驻车制动就会自动地释放。自动变速器车辆的挡位信息通过CAN总线传递,而手动变速器车辆则必须要分析离合器的动作顺序。因此在已有的离合器传感器模块中又集成了一个特殊的离合器传感器。离合器的霍尔传感器2是模拟信号传感器,向驻车制动控制单元提供脉宽调制信号。

离合器传感器见图4-74。

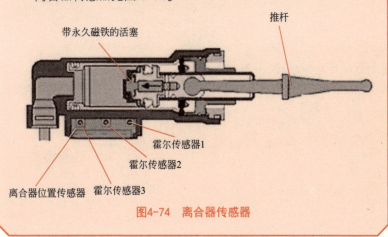

图4-74 离合器传感器

控制单元分析离合器的位置和离合器踏板的动作速度,计算出坡道起步时动态加速的最佳释放制动时刻是启动辅助的最大便利所在,AUTO HOLD通过坡度传感器由电子手刹电控单元给出准确的驻车力。在起步时,结合离合器位置,油门踏板传感器和发动机扭矩等提供的信息通过计算,当驱动力大于行驶阻力时自动释放驻车制动,汽车可平稳起步。

## 4 功能测试

电子机械式驻车制动故障警报灯位于组合仪表内。当制动系统有故障时,该灯点亮。因AUTO HOLD功能受控于EPB电子驻车电控单元,AUTO HOLD相关功能故障会使电子机械式驻车制动故障警报灯也点亮,另外根据电子机械驻车制动系统的故障报警模式,驻车制动故障警报灯点亮,AUTO HOLD功能也失效。

# 《第五章》
## 深度的入门维修

# CHAPTER 5

## 第一节 汽车网络控制

 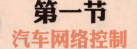 

### 一、车载网络组成和任务

车辆的车载网络主要由一个能量存储器（蓄电池）、一个能量发生器（发电机）以及数量众多的能量消耗者（电气/电子设备）组成。由蓄电池（能量存储器）提供电能，通过启动机（用电器）启动车辆发动机。

车载网络负责为保证车辆及其功能的可用性提供电能，保证车辆的启动能力是其中最为优先的目标。

### 二、能量管理组成和任务

（1）能量管理的任务是在车辆所有运行状态下保证能量的使用始终保持最优化状态。负责监督和控制车辆停止和行驶期间的能量平衡。

（2）每个能量管理系统的主要组成部分都是发动机控制单元中的电源管理系统软件（DME/DDE），该电源管理系统控制车内的能量流。

#### 维修图解

发动机启动后发电机（能量发生器）提供电流，在理想状态下该电流能够满足所有用电器的需求且有多余的电能为蓄电池充电。所连接用电器的耗电量大于发电机可以提供的电量时，车载网络电压就会下降至蓄电池的电压水平，这时蓄电池开始放电。现代车辆能量/电源管理系统见图5-1。

图5-1 现代车辆能量/电源管理系统

1—发动机；2—发电机；3—智能型蓄电池传感器；4—蓄电池；5—接线盒；6—用电器（例如后窗玻璃加热装置，加热式车外后视镜等）；7—发动机管理系统（电源管理系统）

## 三、总线系统

### 1 动力CAN总线

动力CAN总线系统网络的控制单元包括：发动机控制、自动变速器控制、ABS控制、安全气囊控制、助力转向控制、变速杆传感器控制、前照灯控制、转向柱控制。

动力CAN总线网络见图5-2，动力CAN总线控制单元布局见图5-3。

### 2 舒适CAN总线

舒适CAN总线系统网络包括：车载电源控制单元、拖车控制单元、座椅记忆控制单元、停车辅助控制单元、行李厢盖控制单元、转向柱控制单元、空调控制单元、驻车加热控制单元、车门控制单元。

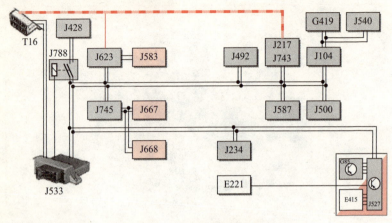

图5-2 动力CAN总线网络

J623—发动机控制单元；J533—网关；J492—四轮驱动控制单元；J217—自动变速箱控制单元；J104—ABS控制单元；J234—气囊控制单元；J500—助力转向控制单元；J587—换挡杆传感器控制单元；J745—大灯控制单元；G85—转向角度传感器；J527—转向柱控制单元

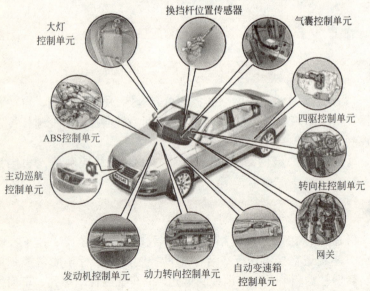

图5-3 动力CAN总线控制单元布局

舒适CAN总线控网络见图5-4，舒适CAN总线控制单元布局见图5-5。

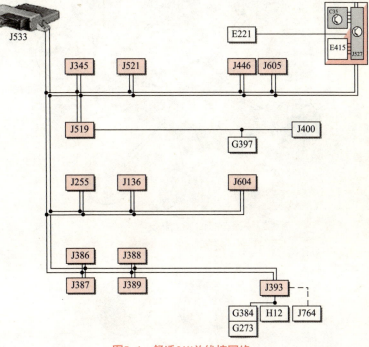

图5-4　舒适CAN总线控网络

J533—网关；J345—拖车控制单元；J521—副驾驶座椅记忆控制单元；
J446—停车辅助控制单元；J605—后备厢盖控制单元；J527—转向柱控制
单元；J519—车载电源控制单元；J255—空调控制单元；J136—司机座椅
记忆控制单元；J604—驻车加热控制单元；J393—舒适系统控制单元；
J386～J389—车门控制单元

## 3 信息娱乐CAN总线

迈腾轿车信息娱乐CAN总线系统网络控制单包括收音机（导航控制单元）、电话准备系统控制单元、数字音响控制单元、驻车加热控制单元和电话控制单元（图5-6）。

图5-5 舒适CAN总线控制单元布局

图5-6 信息娱乐CAN总线控制单元布局

> **维修案例**

(1)故障概述　帕萨特B5轿车，发动机每次启动运转1s左右就自行熄火，同时安全气囊故障指示灯点亮。

(2)故障检查　执行故障诊断仪检测，发现了2个故障码，分别为"0588，驾驶员侧安全气囊电阻过大"和"18056，驱动数据总线损坏"。驱动数据总线损坏，是指CAN-H总线或CAN-L总线出现了问题。示波器功能检查CAN-H总线和CAN-L总线的波形，通过观察波形图，发现2条数据总线搭铁短路。

(3)故障分析　根据该车病历，进行过线路修复，这样就可以顺理成章地怀疑造成数据总线搭铁短路相关线路或者控制单元出了问题。如果拔下某个控制单元后故障现象消失，那么就说明该控制单元有问题。

(4)故障确定和排除　ABS控制单元、发动机控制单元、安全气囊控制单元及仪表控制单元是由数据总线连接在一起的。用断线法查找，找到仪表板后面的数据总线中心连接点，将各控制单元的线路逐一断开，当断开安全气囊控制单元的连接线路时，故障现象消失，这样可以判断问题出在安全气囊控制单元线束上。顺着安全气囊控制单元线束查找，发现了外皮有破损的导线。修复导线，故障彻底排除。

(5)故障根本原因　由于安全气囊控制单元线束损坏，导致数据总线直接搭铁，各控制单元之间的数据无法传输，所以发动机启动后立即自行熄火。

## 第二节 防盗系统

 一、大众第四代防盗系统

### 1 概述

第四代防盗器不是一个单独的控制单元，而是一项功能。舒适系统中央控制单元（集成了防盗器控制单元）与其他防盗系统包含了部件之间的数据通信、各控制单元间经过加密的防盗信息，传递位于德国的中央数据库，这是第四代防盗器的核心部。

### 维修图解

大众迈腾第四代防盗系统见图5-7。

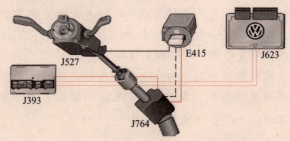

图5-7　大众迈腾第四代防盗系统

（1）舒适系统中央控制单元J393　防盗器集成在舒适系统控制单元中，更换后需要在线匹配调整。

（2）进入和启动授权开关E415　进入和启动授权开关E415中集成了防盗钥匙读写线圈。该件更换后无需调整匹配。

（3）发动机控制单元J623　发动机控制单元是防盗器的一部分，更换后需要在线匹配调整。

（4）转向柱锁止控制单元J764　转向柱锁止或是解锁必须得到位于舒适系统控制单元中防盗器的认可，J764必须和舒适系统控制单元J393同时更换和匹配调整。

## 2 奥迪第四代防盗系统

（1）基本组成。

新的第四代防盗系统（WFS防盗系统）使系统安全性得到了更高的保障。与第三代防盗系统不同，第四代防盗系统的控制单元不在集成在仪表中，而是作为一个独立的控制单元（进入启动授权许可控制）J518出现。

### 维修图解

第四代防盗系统包括车辆钥匙和内装的答应器，进入及启动许可开关中的识读线圈E415（点火开关），驾驶员识别系统控制单元J589，转向柱联锁执行单元N360（电子转向盘联锁），发动机控制单元。

大众奥迪第四代防盗系统组成见图5-8。

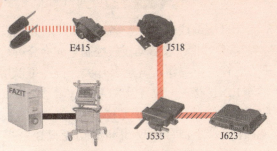

图5-8　大众奥迪第四代防盗系统组成

(2) 使用和启动识读线圈E415（授权开关）。

1) 使用和启动授权开关就是点火启动开关（图5-9）。该开关内的锁芯无机械编码，也就是说使用任何钥匙都可以转动该锁。钥匙的识别是通过读出线圈D1借助于收发器查询来完成的。

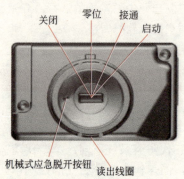

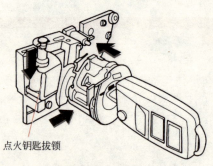

图5-9 识读线圈E415

2) 收发器信息被编成密码经一条"三线式"总线发送到使用和启动授权控制单元，使用和启动授权控制单元会分析这些信息。

3) 该开关上有三个按钮，与点火开关一样，可以用钥匙将该开关顺时针转至EIN（接通）位置及START（启动）位置。

4) 开关的四个位置（关闭、零位、接通、启动）由六个开关来查询，所有这六个信号由使用和启动授权控制单元来进行分析。

(3) 防盗控制单元J518见图5-10。

## 维修图解

防盗控制单元内集成有机电式转向柱锁止机构。

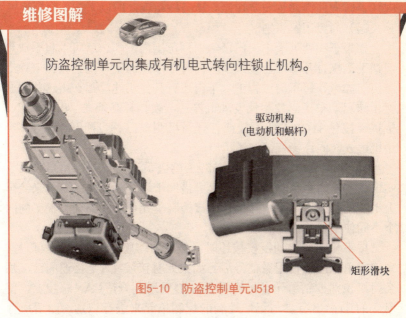

图5-10 防盗控制单元J518

1）接线柱控制：使用和启动授权控制单元将接线柱15、75x、50、S和P的信息放到CAN舒适总线上，然后控制单元操纵接线柱15和75x的继电器并将启动请求信号发送给发动机控制单元。

2）锁止转向柱：在使用和启动授权控制单元内集成有用于锁止转向柱的电机和传动机构。有两个集成的微开关用于检查锁止位置，只有当转向系统完全开锁时，15号接线柱才接通。

3）防盗锁和元件保护：控制单元J518是上述这些功能的主控单元，包括"部件保护功能"。"部件保护功能"需要上网在线进行解除，不再是简单的密码解除方法了。

4）转向柱锁执行元件N360：使用和启动授权控制单元通过一根双向总线来控制转向柱锁执行元件，以便锁止及松开转向柱。只有当15号接线柱关闭时，使用和启动授权控制单元才会给转向柱锁执行元件供电。集成的电子装置会启动电机开始工作，这时锁止销就被蜗杆和旋转斜盘沿直线方向推动。于是锁止销就与带有锥形内花键的矩形滑块抓靠在一起，内花键通过这个直线移动就锁住了转向柱。转向柱锁通过安全螺栓与转向柱相连,所以无法单独更换。

(4)高级钥匙识别。

如果车钥匙处于中央门锁的识别范围内,那么就可以将手放到门把手上来打开车门,或按下车门外把手上的中央门锁按钮来锁上车门。如果在锁车门过程中,车内还有其他钥匙,那么用这些钥匙就无法启动车了。要想使发动机停转,换挡杆必须在"P"或"N"位置。按住STOP按钮不放或打开司机侧车门就可断开S触点,于是机电式转向柱锁就锁住了。

1)驾驶员识别控制单元J589:驾驶员识别控制单元J589用于实现一种舒适系统功能,即司机可借助于这个舒适系统功能来给车上不同的系统设定不同的参数。该控制单元可以存储同一辆车的四个不同使用者的相应的设定内容。

按下使用和启动授权按钮时,传感器薄膜就会读取指纹信号。当识别出相应的使用者信号后,如果此时接线柱S是接通的话,那么司机识别控制单元会将使用者的ID发送到舒适CAN总线上。使用者的ID由所有参与记忆控制的控制单元来进行识别。随后所存储的个性设定就被激活并执行。

2)指纹识别:指纹识别功能就是将指纹与存储在司机识别控制单元内的指纹进行对比。

## 3 高级钥匙

(1)高级钥匙操作。

所谓高级钥匙功能(Advanced Key),也称作无钥匙进入启动许可功能(Keyless Go)。简单来说就是驾驶员只需把钥匙装在身上,靠近车门时用手拉把手车门就会打开,坐进驾驶室按下Start按钮可以打开点火开关,再踩住制动踏板按下该按钮就可以启动;按下Stop按钮车辆就会锁止。这一功能的实现都不需要把钥匙拿出来就可以完成。

(2)高级钥匙工作过程。

1)首先,驾驶员将启动按钮E408完全按下,这个按钮将"点火开关接通"和"发动机启动"信息发送到点火开关E415,使用和启动授权控制单元J518上，告诉控制单元要启动车辆。

2）点火开关E415将这个按钮信息通过数据线继续传至控制单元J518，在这里两个按钮信息进行比较。

3）控制单元J518将钥匙查询信息发送给无钥匙使用授权天线读入单元J723、开线读入单元通过所有的启动授权开线将一个信号发送给车钥匙。控制单元J518命令天线单元J723，J723命令所有天线去找寻钥匙。

4）车钥匙根据这个信号来确定钥匙在车上的位置，并将其信息发送给中央门锁/防盗报警装置天线R47钥匙将自身的位置信息以及防盗信息发送给中央开线R47。

5）中央门锁天线R47收到这个信息，然后该信息通过使用和启动授权开关E415被传送使用和启动授权控制单元使用。防盗信息通过天线、点火开关最终传入J518，判断其是否合法。

6）S触点信号首先被发送到CAN舒适总线上，转向系统解锁；转向锁完全打开后，接线柱15接通。518判断钥匙合法，解锁并接通点火开关。

7）15端子接通后，发动机控制单元与防盗控制单元J518之间就开始进行数据交换，然后防盗被停用；J518将"启动请求"信号发送给发动机控制单元；发动机控制已检查离合器是否踩下或是否已挂入P或N位（指自动变速器），然后就会自动启动发动机（J518将防盗许可的信号传至发动机控制单元，由发动机控制单元进行启动控制）。

> **维修案例**

（1）故障概述　2006年款奥迪A6L，高级钥匙无法启动车辆。按Start开关仪表盘没有任何反应，也就是点火开关挡没有打开；踩制动踏板同时按该按钮也无法启动，也就是说系统对按钮根本没有响应，但用钥匙插入点火开关后可以正常启动。

（2）故障检查　操作如下。

1）执行故障诊断仪检测：该系统的主控单元是进入启动许可控制单元J518，输入信号就是这个启动开关E408，可以通过阅读数据块来判断该信号是否正常。进入地址码05检查002组数据块第1区，在用E408没有按下时，数据块显示Start位置为关闭；而当E408按下时，数据块显示状态为接通，由此判断J518正确接到了E408按钮的信号，输入信号没问题。

2）读取E415数据：点火开关E415和高级钥匙启动开关E408都可以向J518发送驾驶员的意图，是打开点火开关还是关闭点火开关。但二者间E415的优先级高，即如果E415让点火开关打开，而E408让点火开关启动，那么系统只采用E415的信号，认为驾驶员的意思是打开点火开关。

无论钥匙是否插入点火开关E415，控制单元始终显示S触点为接通状态。所谓S触点也就是钥匙插入点火开关时的状态中。在传统奥迪车系中，它是指钥匙插入点火开关略拧动一点但15端子未接通时转向柱解锁、收音机接通的那一点，而在如今配有电子点火开关的车上则是指钥匙插入开关时的状态。也就是说目前这辆故障车，系统始终认为点火开关E415中插入着一把钥匙，因此无论怎么按启动开关E408，系统都以E415的状态，即只插入点火开关什么挡都不接通为准，而屏蔽了E408的信号，而且系统也只认为是在点火开关中放置了一把钥匙，而不认为这是一个故障，因此也就没有故障。

（3）故障确认　根据上述分析，问题出在火开关E415错误的输出或者J518错误理解了E415的输入。E415与J518之间有一根单独的数据线，传输的是点火开关的钥匙状态，示波器检测波形，在点火开关插入与拔出时，输出波形没有任何变化。

（4）排除故障　更换点火开关后测试波形，能看出在钥匙插入时有明显变化。因此可以肯定故障出在点火开关E415中，更换点火开关，故障排除。

## 二、北京现代防盗系统

北京现代御翔车防盗控制系统不仅使用了无线防盗控制系统，

而且在此基础上还使用了钥匙防盗系统,即SMARTRA型钥匙防盗系统。除非使用正确的点火钥匙,否则钥匙防盗系统将控制车辆不能启动。钥匙防盗系统极大地降低了车辆被盗的概率。

SMARTRA钥匙防盗系统包括点火钥匙上的发射器、线圈天线、SMARTRA模块、危险警告灯和发动机控制模块(ECM)。

## 1 发动机控制模块ECM

ECM使用特有的算法规则对点火钥匙进行检测,此算法规则同时存储在发射器和ECM中,仅当双方结果相同时,才能启动发动机。对于车辆有效的所有的发射器数据都将存储在ECM中。

## 2 SMARTRA模块工作原理

SMARTRA模块经专用的通信线与ECM进行通信。ECM控制发动机工作,它是控制SMARTRA模块的最合适的控制模块。当点火钥匙插进点火开关内并转至ON位时,通过线圈天线向发射器传送电源。发射器通过SMARTRA模块向ECM发送代码信号。SMARTRA模块与点火钥匙上的发射器以RF信号(射频信号125kHz)进行无线通信。

SMARTRA模块安装在接近线圈天线的下防撞装饰板的后部,以传送和接收RF信号。线圈天线接收发射器发射的RF信号,此信号通过SMARTRA模块转变为连续的通信信号。ECM将接收的信号转变为RF信号,并通过天线向发射器发送。SMARTRA模块不对发射器进行有效检查或进行算法规则的计算。此装置仅是一个先进的接口,该接口将发射器的RF信号转换为至ECM的连续通信信号;反之亦然。

如果使用的是注册的点火钥匙,ECM将允许燃油供应系统进行燃油喷射,此时仪表板内的钥匙防盗系统警告灯亮约5s以上,这表明SMARTRA模块已经识别出由发射器传送的代码。

如果使用的是没有注册的点火钥匙,ECM则不能接收或识别代码,危险警告灯持续点亮,直到点火开关转至OFF位为止。

### 3 发射器

发射器是装在点火钥匙上的，它有先进的计算规则。在点火钥匙注册过程中，发射器将记录车辆识别代码，并将它们存储在记忆器里。存储程序只能进行一次，所以永远不要修改或变换发射器内存储的信息。

### 4 线圈天线

线圈天线可以向发射器提供电源，接收发射器信号，还可以向SMARTRA模块传送发射器信号。无线防盗报警系统是ETACS模块通过控制启动继电器来控制启动机的，使发动机无法运转；而SMARTRA钥匙防盗系统是发动机ECM通过识别点火钥匙的密码来控制发动机的点火和供油的，即使启动机可以正常运转，发动机也无法启动。

 ## 第三节 天窗

### 1 概述

帕萨特领驭轿车天窗控制单元J245与天窗电动机集成一体，位于驾驶舱车顶的前室内灯上方，天窗开关E325和天窗调节器E139集成在前室内灯面板上。

### 2 天窗电路

（1）天窗激活。

1）点火开关处于"ON"位置，天窗开闭功能由舒适系统控制单元J393激活。

2）J393检测到点火开关处于"ON"位置，其T23/12端子输出12V电压→棕/白0.5线→J245的T6dd/2端子，J245得到电源后，控

## 维修图解

天窗系统电路：J245的T6dd/1端子搭铁，电源节点500→熔丝S230（20A）→J245的T6dd/4端子给J245提供30号线常电压，构成天窗电动机工作的条件。

帕萨特领驭天窗电路见图5-11。

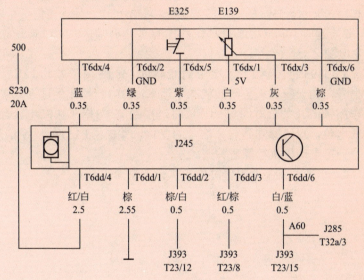

图5-11 帕萨特领驭天窗电路

J245—天窗控制单元；J285—仪表控制单元；J393—舒适系统控制单元；
E139—天窗调节器；E325—天窗开关

制单元内部稳压电源输出5V电压加在天窗调节器E139上，满足激活天窗工作的条件。

3）E139的可变电阻器通过阻值变化形成相应的电压信号，对天窗开启或倾斜进行无级调节。

4）信号通过E139的T6dx/3端子（灰线0.35）向J245发送，J245控制天窗电动机动作，天窗打开并最终停止在与E139输出电压相对应的位置上。同时,该电压信号还作为天窗位置信号,供J245识别天窗开/闭状态,为正常关闭做准备。

5)关闭天窗时,E325开关触点闭合,E325的T6dx/5端子(紫0.35线)向J245发送搭铁信号,J245检测到该点的电位变化,指令电动机执行天窗的关闭。

(2)延时操控和舒适关闭功能。

1)天窗具备延时操控和舒适关闭功能,当点火开关关闭时,只要车门未开启,J393的T23/12端子继续维持供电,使天窗仍可操控。

2)延时10min后或J393识别出有车门开启,T23/12端子切断12V电源,天窗停止工作。

3)J393通过其T23/8端子对J245的T6dd/3端子发送12V常电压信号,在天窗尚未关闭的状态下锁车,J393检测出钥匙在驾驶人侧车门锁芯开关长时间保持开位时,控制T23/8端子由高电位翻转为低电位,J245感知到这个信号的变化,并根据E139的反馈信号,指令天窗电动机执行舒适关闭。

4)车速达到某个限值时停止执行天窗操作。